기독교
사용 설명서
2

교회정치

세움북스 는 기독교 가치관으로 교회와 성도를 건강하게 세우는 바른 책을 만들어 갑니다.

기독교 사용 설명서 2

교회정치

초판 1쇄 인쇄 2021년 12월 25일
초판 1쇄 발행 2021년 12월 30일

지은이 | 성희찬
펴낸이 | 강인구
펴낸곳 | 세움북스

등 록 | 제2014-000144호
주 소 | 서울시 서대문구 연희로 160 연희회관 3층 302호
전 화 | 02-3144-3500
팩 스 | 02-6008-5712
이메일 | cdgn@daum.net

교 정 | 김태윤
디자인 | 참디자인

ISBN 979-11-91715-22-4 (03230)
 SET 979-11-91715-20-0 (03230)

기독교
사용 설명서

2

교회정치

성희찬
지음

세움북스

목차

시리즈 서문 ------------------------------ **6**

들어가며 -------------------------------- **10**

제1장 루터가 꿈꾼 교회 ------------------- **13**

제2장 츠빙글리와 부서가 꿈꾼 교회 ------------ **31**

제3장 칼뱅, 아라스코, 팔츠 교회정치가 꿈꾼 교회 --- **51**

제4장 장로회 정치가 꿈꾸는 교회 -------------- **75**

나가며 --------------------------------- **119**

참고문헌 -------------------------------- **121**

독일의 개혁자 마틴 루터가 비텐베르크 성곽교회 문에 면벌부를 반박하는 95개조 대자보를 내 붙인 지 500년을 훌쩍 지나 몇 년이 더 흘러가고 있습니다. 종교개혁은 제도적인 개혁, 도덕적인 개혁에 불과한 것이 아니었습니다. 종교개혁은 예배의 개혁이면서 동시에 교리와 삶의 총체적인 개혁이었습니다. 이 종교개혁이 거대한 로마교회체제와 성도들의 신앙생활을 흔들어 놓았습니다. 하나님을 참되게 예배하기 시작하면서 교인들은 두려움이 아니라 기쁨과 감사 가운데 살아가기 시작했습니다. 그 개혁의 불꽃이 교회만이 아니라 유럽 사회 전체를 새롭게 했습니다. 과연 우리 한국개신교회는 개혁의 그 아름다운 모습을 얼마나 누리고 있을까요?

종교개혁 500주년을 맞아 종교개혁이 교회의 몇몇 악습을 제거한 것이 아니라 총체적인 개혁이었음을 드러내기 위해 『종교개혁자들과의 대화』(SFC출판부) 12권 시리즈를 발간한 바 있습니다. 그 시리즈를 통해 종교개혁이 예배, 교회, 역사, 교육, 가정, 정치, 경제, 문화, 학문, 교리, 과학, 선교를 어떻게 변화시켰는지 살펴 보았습니다. 우리 청소년들이 어떤 영역에서 일하든 하나님의 사람으로 살아갈 수 있다는 것을 보여주려고 했습니다. 이 종교개혁 500주년의 후속 작업이 바로 본 시리즈 『기독교 사용 설명서』입니다. 본 시리즈는 우리 기독교의 근본을 재확인하고, 다시금 개혁의 정신을 되살려 오직 하나님의 영광을 위해 살아가고자 하는 마음으로 기획했습니다.

본 시리즈에서는 기독교를 총 4부로 나누어서 설명합니다. 제1부는 종교개혁, 교회정치, 교회직분입니다. 우리는 종교개혁의 역사를 통해 교회정치와 직분이 어떻게 새로워졌는지를 잘 알아야 합니다. 제2부는 사도신경, 십계명, 주기도문입니다. 개혁자들은 교리문답을 만들었는데 그 교리문답들의 대부분은 이 세 가지를 해설하면서 기독교신앙의 요체를 드러내었습니다. 사도신경은 우리가 믿고 있는 삼위일체 하나님을 고백하는 것이고, 십계명과 주기도문은 우리가 어떻게 감사의 삶을 살아야 하는지를 잘 보여주고 있습니다. 제3부는 공예배, 교회예식, 교회력입니다. 교회는 예배를 위해 부름받았고, 각종 예식을 통해 풍성함을 누리고 교회력을 통해 이 세상에서 그리스도를 누리면서 새로운 시간을 살아갑니다. 마지막 제4부는 혼인, 가정예배, 신자의 생활입니다. 우리는 하나님이 처음부터 제정하신 제도인 혼인을 통해 언약가정을 이루고 가정에서 예배하면서 기독교인으로서 이 세상을 살아갑니다.

그동안 덮어놓고 믿었던 것이 교회의 쇠퇴와 신앙의 배도에까지 이르고 있습니다. 코로나시대에 함께 모여 예배하고 교제하는 것이 힘들어졌지만 기독교신앙에 대해 치열하게 학습할 수 있는 절호의 기회입니다. 우리가 무엇을 믿는지, 어떻게 살아야 하는지 근본에서부터 잘 학습해야 하겠습니다. 각 세 권씩으로 구성된 총 4부의『기독교 사용 설명서』를 통해 우리 기독교와 교회의 자태를 확인하고 누릴 수 있기를 바랍니다. 12권 시리즈로 기획했기에 매월 한 권씩 함께 읽으면서 공부하고 토론하기에 좋을 것입니다. 기존 신자들 뿐만 아니라 자라나는 우리 청소년과 청년들이 이 시리즈를 통해 기독교의 요체를 확인하고 믿음의 사람들로 든든히 서서 교회를 잘 세우면서 이 세상에서 담대하게 살아갈 수 있기를 바랍니다. 교회를 세우기 위해 가르치면서 해당 주제를 잘 집필해 주신 집필자들의 수고에 감사를 드리고, 이 시리즈 기획을 흔쾌히 받아 출간하는 세움북스 강인구대표께 진심으로 감사를 드립니다.

2021년 11월
개혁교회건설연구소

들어가며

2017년은 종교개혁 500년을 맞는 해였습니다. 종교개혁은 한마디로 새로운 기초 위에서 예수 그리스도의 교회를 다시 건설하는 운동이었습니다. 그래서 이를 위해 개혁가들은 신앙고백을 다시 작성하고 교리문답을 제정하였습니다. 그런데 이들은 이와 함께 예배지침과 특별히 교회정치를 작성하여 교회에서 예배의 바른 질서와 교회 생활의 질서를 세웠습니다. 이는 모두 교회의 바름과 진정한 연합과 일치를 위한 것이었습니다.

본서는 500년 전 종교개혁의 관점에서 교회정치를 조명하기 위해 작성되었습니다. 종교개혁과 교회정치가 어떤 관계에 있었는지, 종교개혁가들이 교회정치를 작성하여 그 원리를 실천에 옮길 때 그들이 꿈꾼 교회는 도대체 어떤 것이었는지를 살피려고 하였습니다. 루터가 꿈꾼 교회는 어떤 것이었으며, 루터가 재발견한 이신칭의 복음이 어떻게 교회정치를 바꾸었으며, 츠빙글리와 부서, 칼뱅, 아 라스코는 자기들의 교회정치를 통해 어떤 교회를 꿈꾸었는지, 팔츠 지역의 개혁가들은 그들의 교회정치를 통해 무엇을 꿈꾸었는지를 염두에 두었습니다.

그리고 장로회 정치를 통해 꿈꾸는 교회는 어떤 교회인지에 대해서도 몇 가지 주제를 가지고 살펴보았습니다.

이같이 종교개혁가들이 교회정치 분야에서 우리에게 물려준 소중한 유산을 다시 확인하며, 이것으로 오늘 우리 교회를 반성하고, 그래서 이제 우리도 오직 성경 오직 그리스도 오직 믿음의 원리로 돌아가서 교회를 새롭게 합시다. 이것이 종교개혁 500년을 뜻깊게 보내는 일일 것입니다.

제1장
루터가 꿈꾼 교회

제1장
루터가 꿈꾼 교회

교회정치는 종교개혁과 어떤 관계에 있는 것일까요?

언젠가 하계목회대학원에서 종교개혁 500주년을 맞아 고려신학대학원 유해무 박사의 특별 강연이 있었습니다. 유 박사는 거기서 종교개혁이 교리개혁, 예배개혁일 뿐 아니라 교회정치의 개혁이라고 강조하였습니다. 이는 종교개혁의 정곡을 찌르는 말입니다. 아니 500년 전 종교개혁 당시 교리개혁과 예배개혁조차 교회정치의 개혁이 없었다면 불가능한 것이었다고 말한다면 이는 과장된 표현일까요?

어떤 이유로 종교개혁이 또한 교회정치의 개혁이 되었을까요? 이 점에 대해 후대 개혁주의 신학자인 헤르만 바빙크

(1854-1921)가『개혁교의학』제4권에서 그 상관성에 대해 다음과 같이 잘 지적하였습니다. '말씀과 성례가 시행되고 이것에 의해서 교리와 생활이 확립되기 위하여 선한 교회정치가 필요합니다. 신앙고백(=교리)이 일차적인 것이라면 교회정치는 이 고백(=교리)을 유지하기 위한 도구입니다.' 즉 교회의 가시적인 조직과 제도가 선한 것으로 개혁되어야만 말씀과 성례가 시행되는 예배와 교리와 생활이 순수하게 개혁되고 유지될 수 있다는 뜻입니다.

이를 간파한 종교개혁 당시 개혁가들은 예배와 교리의 개혁과 함께 또한 교회정치의 개혁에도 앞장을 섰습니다. 여기에는 대표적인 개혁가 칼뱅(1509-1564)이 큰 영향을 미쳤다고 할 수 있습니다. 칼뱅은 저서『기독교 강요』에서 교회정치에 대해 자기 입장을 서술하였고, 그가 봉사한 제네바 교회의 개혁을 위해 교리문답과 시편찬송의 도입과 함께『교회정치』(1541)을 작성하였습니다. 이로써 칼뱅은 교회에 대한 성경의 교리를 교회정치에도 적용하여 예배와 교회생활에서 질서를 시도하였던 것입니다.

여기에 영향을 받아 종교개혁 당시 개혁주의 신앙고백서들은 교회가 통치(혹은 치리)되어야 하는 교회정치 체제에 대해 상세하게 고백하였고 그 결과 교회정치의 중요한 내용이 교리의 일부가 되었습니다. 예를 들어 1561년에 귀도 드 브레가 작성한 총 37장의 네덜란드신앙고백서를 보면 삼위일체 하나님과 성경, 인간, 구원에 대한 교리와 함께 교회정치에 대한 교리도 역시 고백하고 있습니다. 즉 제30장은 교회정치와 직분에 관하여, 제31장은 목사와 장로 집사에 관하여, 제32장은 교회의 질서와 권징에 관하여 고백하고 있습니다.

이 연장선에서 고신교회가 채택한「웨스트민스터 신앙고백서」(총 35장)는 제30장에서 교회정치와 교회권징을, 제31장에서 치리회를 신앙고백과 교리의 내용으로 고백하고 있습니다. 사실 웨스트민스터 총회(1643-1649)는 신앙고백서뿐 아니라 교리문답과 함께 예배지침을 각각 작성하였고 나아가「교회정치」도 작성하였습니다.

개혁주의 교회정치에서 가장 오래된 문헌 중 하나는 영국 청교도인 트래버스(Walter Travers, 1548-1635)가 작성한「교회권징」(*A Full and Plaine Declaration of Ecclesiastical Discipline out off the Word off God*, 1574)인데, 이 역시 칼뱅에게 의존하고 있습니다. 그는 또 장로회 정치형태가 유일하게 성경적이요 교회의 참된 정치이며 다른 정치형태는 비성경적이라고 보았고(『교회권징을 옹호함』, 1588년), 웨스트민스터 총회 기간에는 그가 일찍이 1587년에 작성한 문헌 일부인 『교회정치지침』(1644)이 영어로 번역되어 출간되었습니다. 이 같이 칼뱅은 프랑스, 네덜란드, 스위스, 헝가리, 영국, 나중에는 남아프리카와 캐나다에 이르기는 개혁주의 교회에서 교회정치의 개혁에 크게 공헌하였습니다.

이러한 전통을 이어받은 우리가 종교개혁 500년을 맞았습니다. 이는 오늘 우리에게 무엇을 시사하는 것일까요? 교회정치를 통해 500년 전 당시 종교개혁을 돌아볼 뿐 아니라, 이와 동시에 교회정치를 통해 지금과 미래의 진정한 종교개혁을 바라보자는 것이 아닐까요?

루터는 왜 당시 교회헌법을 불태웠을까요?

교회정치와 관련하여 500년 전 종교개혁에서 주목할 만한 사건이 하나 있습니다. 그것은 바로 1520년 12월 10일 월요일 저녁 9시 독일의 비텐베르크 지역 동쪽 문 앞에 있는 홀리 크로스 교회당 앞에서 일어난 일입니다. 이날 개혁가 마르틴 루터가 '두렵고 떨림으로' 동료교수들과 많은 학

생들이 보는 데서 당시 교황이 출교시키겠다고 자신을 위협한 교서와 교회법령집, 즉 교회 헌법을 불태운 사건입니다.

이 사건은 사실상 당시 로마교회와 돌이킬 수 없는 공식적인 단절을 의미하는 것이었습니다. 루터는 왜 이 책들을 불태웠을까요? 그는 이날 사건의 의미를 설명하기 위해 소책자를 썼습니다. '왜 마르틴 루터 박사에 의해 교황과 그 추종자들의 책들이 불태워졌는가?' 이 책자에서 루터는 다음과 같이 왜 교회법령집을 불에 태워야 했는지 그 이유를 밝혔습니다.

첫째, 악한 책을 불태우는 것은 고대의 전통입니다. 사도행전 19장에서도 은 오만 값이 나가는 마술사의 책들이 불태워졌습니다.

둘째, 거짓되고 부패하고 비기독교적인 교리를 없애고 경계하는 것이, 비록 자격은 없지만 세례 교인이요 성경박사요 설교자인 나의 의무이기 때문입니다.

셋째, 교황과 그 추종자들의 반기독교적인 이단 사설과 영혼의 부패가 날로 심하여 이제는 완고하게 되어 가르침 받기를 원하지 않고 오히려 닫힌 귀와 눈으로 복음적인 교훈을 맹목적으로 저주하고 불태우는 것을 내가 직접 경험하고 목격하였기 때문입니다.

당시 교황청은 앞서 6월 15일에 루터에 대해 교서를 공식적으로 발행하였습니다. '마르틴 루터와 그의 추종자들의 이단사설에 반대하여.' 이 교서는 흔히 첫째 단어인 '여호와여 일어나옵소서'(Exsurge, Domine)로 불리는데, 교회를 위협하는 자들을 향해 일어나 대적하여 달라고 하는 시편 10편 12절의 인용구입니다. 이 교서에서 루터는 여호와의 포도원을 해치는 멧돼지에 비유되었습니다. 교서에서 루터는 설교와 글 쓰는 일이 금지되었고, 60일 안에 그가 쓴 모든 책을 불태우고 자신의 이단적 입장을 철회해야만 했습니다. 그 후 교황의 교서가 실행되면서 루뱅에서 루터의 책이 불태워지는 화형식이 시작되어 11월에는 쾰른, 마인츠에서 화형식이 진행되고 있던 터였습니다. 바로 이런 배경에서 루터는 그들에게는 가망이 없다며 이제 자신이 그들의 악한 책을 불태우는 차례가 되었다고 밝혔습니다. 그러면서도 당시 교황 레오 10세에 대해 희망을 저버리지 않고 있음을 말하는데, 사실 루터는 결코 공교회와 맞선 적이 없으며 그 교회의 지체임을 포기한 적이 없습니다.

루터는 이어서 어떻게 당시 교회의 교회법령이 악한 것

이 되었는지를 30조항에 걸쳐 조목조목 지적하였습니다. 루터는 무엇보다도 제10조에서 '누구도 교황과 그의 결정을 판단할 수 없으며, 오직 교황이 지상의 모든 사람을 판단할 수 있다'고 규정한 교회법령을 근거로 제시하며 교황의 폭정(暴政)을 그의 비판 핵심에 두었습니다. 그 이유에 대해 루터는 이는 영적인 왕국과 세상의 왕국—두 왕국의 혼돈에서 비롯되었다고 지적하는데, 교황은 로마제국의 상속자가 된 것을 자랑하고 있다며 비난하였습니다. 그리고 마침내 교황제도를 적그리스도라고 비판하게 됩니다(27조, 30조). 결국 로마교회의 교회법령이 교황을 지상의 하나님으로 만든 주범이었던 것입니다!

따라서 루터가 교황의 교서와 교회법령을 불태운 이 사건은 한편으로는 로마교회와의 결별을, 다른 한편으로는 그리스도의 교회로 돌아가는 것을 뜻하였습니다. 그렇다면 교회정치의 맥락에서 종교개혁기념일은 비텐베르크에서 95개 반박문을 부친 1517년 10월 31일보다 로마교회의 교회 헌법을 불에 던진 1520년 12월 10일로 보는 것이 더 의미 있을지도 모르겠습니다.

한편 이 사건은 우리에게 중요한 교훈을 주고 있습니다.

즉 어느 시대든 그 교회가 가진 교회법령 혹은 교회 헌법은 그 교회의 정체성을 가장 잘 반영하고 있다는 점입니다. 그렇다면 오늘 고신교회의 교회 헌법은 지금 교회의 어떤 모습을 실제적으로 보여주고 있을까요?

루터의 이신칭의 복음은 당시 교회정치를 어떻게 바꾸었을까요?

종교개혁가 루터는 교회의 제도와 조직, 즉 교회정치를 어떻게 생각하였을까요? 이는 그가 성경에서 재발견한 이신칭의(以信稱義)의 복음, 즉 '오직 믿음으로 의롭게 된다'는 복음과 무관하지 않습니다. 루터가 1520년 12월 10일에 교황의 교서와 함께 당시 교회 헌법을 불에 던짐으로써 로마교회의 교권체제와 공식적으로 단절한 이 사건은 사실 이신칭의 복음을 바탕으로 하는 「95개조 반박문」이 게시된 1517년 10월 31일 사건에서 비롯되었다고 할 수 있습니다.

도대체 이신칭의 복음이 어떠하기에 당시 교회정치를 바꾸었을까요? 이신칭의 복음은 한마디로 신자는 누구나 오직 믿음으로 구원을 받고 의롭게 되어 하나님과 직접적인 관계를 맺게 된다는 것입니다. 그 중간에 구약 시대의 제사장과 같은 중재자가 필요 없다는 것입니다. 이러한 신자의 지위에 대해 루터는 그의 유명한 소논문 '신자의 자유'에서 설명하는데, 요지는 두 가지입니다. 첫째는 믿음으로 신자는 자유인이 되며 타인에게 예속될 수 없다는 것이고 이 점에서 교회의 교권체계에 이제 의존할 필요가 없게 되었다는 것입니다. 둘째는 사랑으로 신자는 모든 사람의 종이 된다는 것입니다.

이러한 이신칭의 복음은 자연스럽게 '모든 신자는 제사장'이라는 사상을 낳게 되었습니다. 이로써 로마교회의 교권체제 아래에서 성직자와 평신도를 엄격하게 구별한 장벽이 사라지게 되었습니다. 왜냐하면 모든 신자는 모두 동일하게 하나님의 은혜로 제사장이 되기 때문입니다. 이에 대해 루터가 다음과 같이 말하였습니다. '세례를 통해 자기의 몸을 굽힌 사람은 누구나 거룩한 제사장이 됩니다.' 이로써 로마천주교회의 직분관은 그 중심에서 허물어지고 맙니다.

이 바탕에서 루터는 오직 믿음으로 의롭게 된 자들, 택함을 받은 자들의 회중인 교회를 그리스도의 신비한 몸으로 보고, 이는 영적인 교회이어서 사람의 눈에 감추어져 있고 그래서 이 교회를 외적인 법령으로써 조직화시킬 수 없다고 하였습니다. 즉 교회의 구조나 조직은 본래 하나님 앞에서 내적인 것이며 보이지 않는 것이라고 하였습니다. 그래서 오직 영적인 생활만이 하나님의 법 아래에 있고 오직 하나님의 법만이 영적 생활을 규정한다고 하였습니다. 따라서 하나님의 법은 교회의 외적 구조 즉 교회정치에 대해서 루터는 어떤 언급도 하지 않는다고 말하였습니다.

나아가 루터는 교회가 사람의 법이나 관습이 아니라 오직 '하나님의 법'에 의해 다스려져야 한다고 주장하는데, 이 하나님의 말씀이 회중에 맡겨졌고 그래서 회중이 직접 설교의 내용이 하나님의 법과 일치하는지를 결정할 수 있는 권한이 있다고 하였습니다. 여기서 감독이나 사제들의 도움이 불필요하다고 보았습니다. 이로써 회중의 교인이 설교할 권리는 물론 직접 설교자의 교리를 판단할 수 있는 권리가 있으며, 설교자를 청빙하고 사면하는 권한도 있다고 보았습니다. 물론 질서를 따라 이 일이 진행될 수 있도록 하는 책임도 있다고 지적하고 있습니다. 이 같이 이신칭의 복음에서 만인 제사장 사상이 나오고, 또 여기서 회중과 교인의 권리를 끌어낸 것은 루터의 지대한 공헌이라고 할 수 있습니다.

종교개혁 이전 사람들은 하나님께서 교회에 주신 권세 (Church Power), 즉 교리, 공예배, 교회정치, 권징 등의 문제에서 권세는 오직 성직자에게 주어졌다고 믿었고, 그 결과로 회중은 신앙과 실천의 문제에서 항상 피동적이었습니다. 그러나 루터를 통해 이신칭의 복음이 재발견되고 회중의 권리가 온 유럽에 공언될 때 이는 마치 '요한계시록에 나오는 나팔소리'처럼 온 유럽을 각성하게 하였다고 미국 북장로교회의 대표적인 신학자인 찰스 핫지(1797–1878)가 그의 강연, 「장로교란 무엇인가?」(1855)에서 지적하며 장로회정치의 첫째 원리는 바로 이 교인의 권리이며, 이러한 종교적인 권리에서 시민의 권리가 뒤따랐다고 하였습니다.

그러나 이러한 공헌에도 불구하고 교회정치와 관련해서 루터에게도 한계가 있었습니다. 칭의 교리가 지나치게 강조되면서 성도의 삶을 말씀의 권징 아래 두는 것이 약화되었고, 그래서 교회의 구조에 대한 중요성도 약화되었습니다. 그 결과 교회는 설교의 영역에 머물게 되고 대신 국가가 교회정치 즉 교회의 구조에 개입하게 됩니다. 또 경건주의의 영향으로 교회 '건설'의 개념이 감정적인 내용을 가지게 되는데, 'erbauung'(건설)이 'stichten'(개인의 덕을 함양하고 교화

하는 것)으로, 즉 신자 개인의 종교적 필요를 채우는 것으로 대체되면서 교회의 참 뿌리는 실종되고 맙니다.

루터의 이신칭의 복음은 교인의 권리에 어떤 영향을 미쳤을까요?

종교개혁을 통해 다시 찾은 이신칭의(以信稱義) 복음은 무엇보다 교인의 권리에 지대한 영향을 미쳤습니다. 아니, 이는 가히 혁명적이었다고 할 수 있습니다. 이신칭의 복음에 근거하여 신자는 누구든지 예수 그리스도를 동일한 믿음으로 구원을 받고 의롭게 되어 하나님과 직접적인 관계를 맺을 뿐 아니라, 또 모든 신자가 제사장이 되어서 근본적으로는 하나님과 신자 사이에 어떤 중재자가 필요 없게 되었기 때문입니다. 그래서 개혁가 루터는 교인은 누구나 제사장이 되어서 설교할 권리뿐 아니라 직접 설교자의 교리를 판단할 수 있는 권리가 있으며, 설교자를 청빙하고 사면하는 권한도 있다고 보았습니다. 물론 이 일이 진행되는 데는 질서가 필요합니다.

따라서 교회정치를 '교회법'이라고 할 때 '법'이 '법'(Ius, right) 이전에 권리를 가리키는 것은 바로 이런 배경 때문입니다. 여기서 권리는 무엇보다 교인의 권리를 가리키는데 이는 그리스도께서 십자가에서 얻으시고 모든 자기 백성에게 주신 '의'라는 특별한 은혜에서 나온 '법'(권리)입니다. 모든 교인은 누구나 동일하게 바로 십자가의 은혜에서 비롯된 의인이라는 동일한 권리를 가지게 되었습니다. 이러한 교인의 권리에 대해 한국교회의 성경신학자요 주석가인 박윤선 박사는 그의 책 『헌법 주석』의 머리말에서 다음과 같이 천명하였습니다. "장로회 정치의 핵심은 한마디로 '교회의 주권은 교인에게 있다'는 교리입니다. 이 사실은 세계적으로 알려진 개혁주의 신학자들과 교회 헌법 주석가들이 지적하는 바입니다. 이 교리는 16세기 종교개혁으로 말미암아 얻어진 열매입니다. 그러므로 교회 헌법은 법조문에 지나지 않는 무미건조한 것이 아니라 성도들의 신앙상 지표가 되는 건전한 신학적 표현이기도 합니다."

이 같이 교인의 권리가 이신칭의의 복음에서 시작되고 종교개혁을 통해 얻은 열매라면, 현 우리 헌법(교회정치)에 이것이 어떻게 반영되어 있으며 또 우리 현실에서 이것이 얼마나 실천되고 있을까요?

우리 헌법에서 보장하는 교인의 권리를 보면 첫째, 교인이 직접 교회의 항존직원을 선출하고 청빙하는 권리를 행사하므로 직원을 세우시는 하나님의 부르심에 모든 교인이 기여할 수 있다는 점입니다.

둘째, 교인은 치리회에 진정, 청원, 소원, 상소할 권리를 가지고 있습니다. 그런데 불행하게도 이 문구는 1980년 우리 교회정치에는 포함되어 있었으나(헌법적 규칙 제3조), 1992년 교회정치를 개정하면서 삭제된 이후 지금까지 이르고 있습니다. 교인은 성경과 교회정치를 토대로 양심의 자유에 의해 예배나 교리, 권징, 교회생활 전반에서 진정이나 청원을 할 수 있고, 치리회의 결정에 대해 이의를 제기할 수 있으며, 심지어 적법한 절차를 따라 노회와 총회까지 소원과 상소할 권리가 있습니다. 현 「교회정치」 제24조는 교인이 치리회에 진정, 청원, 소원, 상소할 수 있는 권리에 대해서는 명확하게 제시를 하지 않은 채, 단지 교인이 노회에 서류를 제출하고자 할 때 거쳐야 할 절차에 대해서만 간략하게 언급하고 있습니다.

셋째, 교인은 공동의회의 회원으로서 직원 선출 외에 교회의 기본재산이나 예, 결산의 안건에서 권한을 행사할 수 있습니다(제150조). 또 영적 청구권과 영적 보호권, 성찬 참여의 권리도 있습니다.

위에서 간단히 보았지만 현 우리 교회정치 법조문에서는 교인의 권리가 충분하게 규정되지 않을 뿐 아니라, 더구나 현실에서 교인의 권리는 거의 사라졌다고 해도 과언이 아닙니다. 개체교회에서 교인의 권리가 오늘날 너무 많이 약화되어 있습니다. 종교개혁 이전의 모습처럼 지금 역시 교회에서 교인은 예배와 교리 등의 문제에서 거의 피동적이고, 또 양심의 자유에 따라 치리회에 이러한 문제를 가지고 이의를 제기하거나 혹은 치리회에 진정이나 청원, 소원과 상소를 제기하는 것은 거의 찾아볼 수 없습니다. 공동의회를 해도 여기에 실제로 참여하는 교인은 그리 많지 않으며, 또 이 점을 이용해서 때로는 담임목사나 당회가 독주를 하기도 합니다.

종교개혁 500년을 맞아 이신칭의 복음에서 비롯되었고, 찰스 핫지가 말한 대로 장로회 정치원리 중 가장 으뜸가는 원리라 할 수 있는 교인의 권리, 이것을 우리가 어떻게 하면 우리의 법과 현실에서 다시 회복할 수 있을까요?

Q. 500년 전 종교개혁이 교리개혁, 예배 개혁일뿐 아니라 교회 정치의 개혁이라는 주장에 동의하십니까? 지금 종교개혁이 일어난다면 교회 정치의 개혁이 일어나야 할까요?

Q. 루터가 당시 교회법령을 불태운 이유에 대해 생각해봅시다.

Q. 루터가 다시 발견한 이신칭의의 복음이 어떻게 당시 교회구조를 바꾸었을까요?

Q. 루터가 다시 발견한 이신칭의의 복음이 교인의 권리에 어떤 영향을 끼쳤을까요?

제2장
츠빙글리와 부서가 꿈꾼 교회

스위스의 개혁자 츠빙글리는
왜 신정정치(神政政治)를 원하였을까요?

독일에서 루터가 개혁의 횃불을 밝히자 뒤따라 스위스에서도 개혁의 횃불이 솟아올랐습니다. 이는 루터와 같은 해에 스위스의 작은 마을에서 태어난 츠빙글리(Uldrich Zwingli, 1484-1531)에 의해서였습니다.

흔히 츠빙글리 하면 스위스의 취리히에서 신정정치(神政政治) 혹은 국가교회정치를 시행한 모델로 기억합니다. 그런데 그가 다른 개혁가처럼 오직 성경, 오직 믿음이라는 동일한 신학적 입장을 취하면서도 왜 국가교회정치를 주장하고 시행하였을까요? 우리는 21세기의 현대인으로서 전혀 다른 정치와 교회의 상황에서 500년 전 스위스 취리히에서 시행된 국가교회 사상을 너무 쉽게 비판할 때가 있습니다. 개혁가로서 그는 도대체 왜 신정정치를 원하였을까요? 그의 신정정치 사상은 그가 직접 한 다음의 말에 분명히 요약되어 있습니다.

> "그리스도인은 곧 신실하고 훌륭한 시민이며, 기독교 도시는 곧 기독교 교회입니다."

한마디로 츠빙글리는 설교를 통해 교회개혁을 주도하면서 여기에 사회적, 정치적, 경제적 생활의 영역을 포함시켰습니다. 그는 하나님의 말씀이 모든 생활에서 권한을 가지고 있다는 것을 심각하게 고려하였던 것입니다. 영적 왕국과 세상 왕국을 구별하는 루터와 달리 오직 그리스도의 나라는 한 나라임을 강조하였습니다. 종교는 곧 정치이며, 정치가 곧 종교였습니다. 교회와 사회는 영혼과 몸처럼 서로 연결되어 있는 것입니다. 그래서 취리히 시의 공직자는 하나님을 섬기는 데 모범을 보이는 시민들의 목자였습니다.

정부는 교회의 일에 개입할 수 있는 권한이 있으며, 그러나 그 법은 '하나님의 공의'에서 나와야 된다고 생각하였습니다. 이런 식으로 스위스의 취리히는 츠빙글리를 통해 국가와 교회가 서로 밀접한 관계를 가지는 신정정치를 시행하게 되었습니다. 나아가 츠빙글리는 성찬에서 떡과 포도주가 물리적으로 그리스도의 살과 피로 변화된다는 화체설을 배격하면서도, 그럼에도 교회의 온 회중은 성령의 능력으로 새로운 사회로 변화되어야 한다고 주장하였습니다.

그렇다면 이러한 신정정치, 성령에 의한 통치가 츠빙글리의 본래 의도대로 시행되어 어떤 사회 변화를 구체적으로 가져오게 되었을까요?

무엇보다 로마가톨릭을 지지하는 프랑스와 동맹을 끊고, 당시 상당수 젊은이들이 호재를 바라며 교황청과 프랑스 왕을 위해 싸우러 나가는 용병제도를 폐지하였습니다. 또 은행의 이자를 5% 넘지 않게 하였고, 십일조 제도를 인간적인 의를 위해 유지하여 사역자와 가난한 자를 부양하도록 하였고, 독과점을 반대하였으며, 수도원을 폐지하고 대신 이들이 가난한 자와 병든 자를 돌보도록 하였습니다.

이 중에서 가장 강력한 변화는 권징의 시행이었습니다.

그의 본래 의도는 주교에 의한 권징을 폐지하고 개체교회에 권징의 권세를 위임하여 회개하지 않는 자를 성찬에서 배제하여 출교하는 것이었습니다. 1525년에 시 의회가 이 제안을 거부하고 직접 이 권한을 가지게 되었음에도 츠빙글리는 이에 동의하여 시민들을 규모 있게 감독하게 하였습니다. 1525년 5월 10일에 '혼인 법정'(2인의 시 의원과 2인의 설교자로 구성)을 설치하여 정당하게 혼인(이혼과 재혼을 포함)을 하도록 하였습니다. 이 법정은 1526년 3월 21일에 '도덕 법정'으로 전환되어 시민들의 도덕 생활을 강하게 통제하였습니다. 카드놀이와 저주는 강하게 처벌을 받았고, 신성모독은 사형으로 다스렸으며, 모든 시민은 주일에 교회 출석을 의무적으로 해야 했습니다. 이로써 모든 시민은 하나님의 법의 권징 아래에 있게 되었습니다. 이처럼 츠빙글리는 시의회와 함께 복음의 선포와 더불어 청교도처럼 엄격하게 생활의 거룩을 이루고자 하였습니다.

따라서 우리는 하나님의 영광이라는 최상의 목표를 드러내는 질서 구현을 위해 수고한 츠빙글리의 신정정치를 용어의 오해를 피해서 '성경적 통치'로 조심스럽게 바꾸어서 말할 수 있습니다. 그는 사역하는 취리히의 교회와 사회에서 무엇보다 성경이 그 중심에 있기를 원하였습니다.

개혁자 츠빙글리는 당회가 아니라
왜 국가가 권징을 시행하도록 하였을까요?

스위스의 개혁자 츠빙글리(1484-1531)가 하나님의 영광을 위해 그가 활동한 취리히의 교회와 사회의 중심에 성경을 두고 국가교회정치 혹은 신정정치를 시행한 것은 결국 그가 성경적 통치를 바란 것이라고 바꾸어 말할 수 있습니다. 그는 왜 당회가 아니라, 또 교황과 주교가 아니라 국가가 교회정치의 핵심인 권징을 시행하도록 하였을까요?

첫째, 츠빙글리는 로마천주교처럼 왜 교황이나 주교(감독)에게서 권징을 행하는 권세가 있다고 보지 않았을까요? 그는 마태복음 18장을 주해하면서 로마의 교황이나 추기경과 주교들, 심지어 교회회의라 할지라도 이들은 교회를 대표할 수 없고 도리어 다른 지체들처럼 단지 교회의 일원에 불과하다고 하였습니다. 가시적 교회는 온 세상에서 그리스도를 고백하는 자들이기 때문입니다. 그는 특히 가시적 교회를 강조하면서 각 개체교회가 곧 그리스도의 몸으로서 바로 이 개체교회의 온 회중에게 주님이 권징의 권한을 위임하셨지, 소수에게 주시지 않았다고 하였습니다. 그래서 로마의 교회는 고린도 교회나 다른 교회에 대해 권한을 시행할 수 없다는 것입니다.

둘째, 그렇다면 왜 오늘날 우리 장로교회처럼 당회가 아니라 국가가 권징을 시행하도록 했을까요? 그리스도의 나라는 오직 하나의 나라로서 그 특성상 내면적일 뿐 아니라 동시에 외면적이어서 교회와 국가, 불가시적 교회와 가시적 교제를 구분하는 것이 불가능하다고 보았기 때문입니다.

셋째, 가시적 교회에서 죄인들을 형벌(권징)하는 것이 정부의 통치 없이는 불가능하다고 보았기 때문입니다. 지상의 가시적 교회에는 믿음이 없는 거짓 신자와 위선자가 섞여 있는데 이들은 심지어 성찬에서 자기의 죄를 먹고 마시는 자들이라고 하였습니다. 바로 이들을 다스리고 권징하기 위해서는 국가의 통치가 필연적이라고 보았습니다. 츠빙글리는 국가가 공연히 칼을 가진 것이 아니며, 국가의 권위와 칼의 권세 없는 교회는 무능하며 불구라고 보았습니다. 그리스도의 몸을 온전히 세우기 위해서는 이 권위가 반드시 필요하다고 하였습니다. 그래서 츠빙글리는 국가의 공직자들도 하나님께서 교회에서 주신 목자들이며, 이들은 교회의 이름으로, 교회의 위임자로서 권징의 권세를 시행한다고 하였습니다.

넷째, 그러나 츠빙글리는 정부의 통치가 부패하는 것을 방지하기 위해 하나님이 교회에 주신 또 다른 직분인 선지자 직분을 소개합니다. 그는 1531년에 「믿음의 해설에 대하여」라는 글에서 이를 언급하였습니다. '그리스도의 교회에는 정부와 선지자의 직분이 있습니다. 만일 선지자가 우선이라면 둘 다 반드시 있어야 합니다.' 그는 성경에서 그 예를 제시하는데, 사울 왕 곁에는 사무엘이, 다윗 왕 곁에는 나단 선지자가, 헤롯 왕 곁에는 세례 요한이 있었다고 하였습니다. 츠빙글리는 역사에서 크게 군주정치, 과두정치, 민주정치라는 세 형태가 있었지만, 역사적으로 각각의 정치형태가 부패에 빠져 폭정과 사익 추구, 혼란을 낳게 된 경우를 지적하면서 어떤 정치형태를 취하든지 우리가 선지자 직분을 통해 항상 경계하고 깨어 있어야 한다고 말했습니다. 그래서 취리히의 공직자들은 항상 선지자의 예언의 말씀에 청종해야 했습니다.

다섯째, 따라서 츠빙글리는 국가가 권한을 가지고 시행하는 권징은 하나님의 말씀에 근거를 두어야 한다고 하였습니다. 권징 자체가 천국열쇠는 아니라고 보았습니다. 천국을 열고 닫는 열쇠는 복음의 설교와 동일한 것이기에 바른 기독교적 권징이 시행되어야 한다고 주장하였습니다.

여섯째, 이제 신자는 권징의 통치를 맡은 정부에 대해 납세 등의 의무를 다해야 하는데, 여기에는 예외가 없다고 하였습니다. 사역자라 할지라도 정부의 권위에서 벗어나는 것이 용납될 수 없다고 하였습니다. 이 점에서 그는 성직자와 교회가 정부를 다스리도록 허용한 로마가톨릭을 강력하게 비판합니다.

이 같이 국가와 교회가 결합된 츠빙글리의 신정정치 혹은 국가교회형태를 보면서 종교개혁 당시 교회들이 함께 개혁주의 진영에 속해 있었으나 교회정치에서는 약간의 다양성을 가진 것을 알 수 있습니다. 교회가 국가로부터 자유하는 정치형태인 장로회 정치는 개혁가 마틴 부서와 요한 칼뱅에 가서야 비로소 명확하게 드러나게 됩니다.

스트라스부르의 개혁가 부서는 루터, 츠빙글리와 왜 달랐을까요?

부서, 루터, 츠빙글리 이 세 사람은 종교개혁 당시 같은 개혁신앙의 노선을 걸었음에도 교회정치에서는 왜 서로 달랐을까요? 마르틴 부서(Martin Bucer, 1491-1551)는 유럽에서 엠든, 제네바와 함께 자유도시에 속한 스트라스부르라는 곳에서 교회개혁을 이끈 인물입니다. 이신칭의 복음을 가진 이 세 사람이 왜, 어떻게 달랐을까요? 교회정치나 교회조직과 관련하여 마르틴 부서는 비텐베르크의 루터와 취리히의 츠빙글리 중간 정도에 있었다고 말할 수 있습니다.

먼저 츠빙글리와 비교해볼 때 부서는 교회는 국가에 대해 독립적인 위치를 가지고 있다는 점을 매우 강조하였습니다. 츠빙글리는 국가와 교회를 아주 긴밀하게 연결시켜서 이 둘이 서로 동일시될 위험이 항상 도사리고 있었습니다. 그러나 부서는 국가의 권한과 교회의 권한을 엄격하게 서로 구분하였습니다. 이 점에서 부서는 교회가 자체의 법을 가지고 있다는 것을 강력하게 주장한 외콜람파디우스를 따랐습니다. 즉 교회가 스스로 직분자를 세워서 교회적인 권징을 시행해야 한다는 것입니다. 부서는 외콜람파디우스와 함께 울름(Ulm, 1531)의 「교회정치」를 작성하였는데 교회는 곧 신앙고백공동체로서 자발적으로 그리스도의 통치 아래에 있다고 하였습니다.

부서는 루터와도 달랐습니다. 루터는 이신칭의 복음을 통해 신자 개인이 하나님과 어떻게 하면 의로운 관계에 있을 수 있을까에 더 관심이 많았습니다. 그러다 보니 성도의 생활을 말씀의 권징 아래에 두는 것이 약화되고, 그래서 교회의 구조가 덜 중요하게 되었습니다. 반면 부서가 평생 씨름한 것은 교회를 어떻게 조직하고 세울 것인가에 있었습니다. 그는 교회를 신앙공동체, 사랑공동체, 권징공동체로 세우는 것에 열정을 쏟았습니다. 비록 자신이 활동한 스트라스부르에서는 이 이상을 실현하지는 못했지만 그의 가르침을 받은 헤센이라는 지역에서는 성공하기에 이릅니다.

부서와 루터의 차이를 적어도 다음 세 가지 점에서 지적할 수 있습니다.

첫째, 루터가 이신칭의 복음이 가지는 선언적인 특징을 강조하였다면, 부서는 한 걸음 나아가 이러한 은혜의 효력에 대해 의문을 던지며 이신칭의와 성화(聖化)를 연결시켰습니다. 그리고 그는 이를 교회에 적용하여 교회를 성화의 기관으로 강조하였습니다.

둘째, 그 결과 부서는 루터와 달리 율법과 복음을 구원역사의 관점에서 볼 뿐 아니라 또 율법이 구원받은 신자의 생활에서 성화를 위해 여전히 중요한 기능을 한다고 하였습니다.

셋째, 이어서 부서는 루터의 두 왕국 사상과 달리 그리스도의 나라는 한 주님 아래에 있는 하나의 나라로서 여기에 두 개의 정부가 있다고 보았습니다. 즉 영적 통치를 하는 교회라는 정부와 사회적인 통치를 하는 국가라는 정부입니다. 이런 식으로 부서는 그리스도의 나라에서 두 정부 곧 교회와 국가를 구별하였습니다.

그렇다면 교회라는 정부를 통해 그리스도의 통치가 어떻게 나타나며, 그래서 그리스도의 나라가 세워지는 것일까요? 여기서 부서가 교회를 어떻게 정의하는가에 주목할 필요가 있습니다. '그리스도의 교회는 주 예수 그리스도 안에서 말씀과 성령으로 세상에서 모으고 연합한 자들의 모임과 회중입니다. 그 안에서 이들은 하나의 몸을 이루고, 그 몸 안의 지체들은 몸 전체와 모든 지체가 세워지는 것을 위해 각자의 직분과 직무를 가지고 있습니다.' 이를 다시 정리하면 교회는 몸으로서 하나이며, 여기에는 형제 사랑이 절대적입니다. 둘째, 교회는 지체들이 서로를 향해 열정을 가진 교제가 있는 공동체인데, 그리스도의 몸 안에서 그리스도의 지체요 성령의 도구로써 지체들이 영적 일에서는 물론 일상생활에서도 각자의 소명을 가지고 있습니다.

여기서 부서는 무엇보다 영적 통치가 이루어지는 그리스도의 몸인 교회에서 법(法)이란 곧 머리이신 그리스도가 친히 수행하시고 효력 있게 하시는 '그리스도의 법'이라고 하는데, 왜냐하면 교회의 본질은 그리스도와의 교제에 의해 규정되기 때문입니다. 그래서 '그리스도의 임재'는 성찬에만 해당하는 것이 아니라 그리스도의 법을 통해서도 교회의 본질이라는 신비한 형태를 가시적으로 형성된다고 하였습니다. 따라서 교회법은 그리스도의 법으로서 성령을 통해 구체적으로 실현되고 교회에서 그 효력을 발생하여 나아가 전 사회로 나아간다고 말할 수 있습니다.

마침내 부서가 교회법(法)의 의의를 분명하게 다음과 같이 지적하였습니다. 즉 교회법은 위에서 말한 교회 건설에 기여하기 위해 존재한다는 것입니다. 그래서 교회법이 세상 법과 달리 법을 위한 법, 규정을 위한 규정이 아니며 또 시벌이 목적이 아니라, 교회를 세우는 목적을 위해 기여한다는 점은 오늘 우리가 교회법과 교회정치의 규정들을 어떻게 대할 것인가 하는 점에서 많은 시사점을 준다고 하겠습니다.

개혁가 마르틴 부서가 교회를
권징(勸懲) 공동체로 부른 이유는 무엇일까요?

교회를 흔히 구원 공동체, 예배 공동체 등으로 말하지만 '권징 공동체'라는 말을 들은 적은 거의 없습니다. 그런데 종교개혁 당시 스트라스부르의 개혁가 부서는 교회를 권징 공동체라 정의하였습니다. 대체 그는 무슨 뜻에서 이렇게 말하였을까요?

첫째, 교회를 거룩 혹은 성화(聖化)의 기관으로 보았기 때문입니다. 그 역시 비텐베르크의 개혁가 루터처럼 이신칭의의 복음에서 시작하였으나 여기 머물지 않고 이를 성령에 의한 거룩(성화)과 연결시켰습니다. 즉 한편으로는 이신칭의의 복음이 모든 설교의 중심에 있게 했습니다. 그래서 교회는 하나님이 세우신 직분자를 통해 구원이 전달되는 구원의 기관이라고 하였습니다. 그러나 부서는 더 나아가 교회의 거룩을 강조하며 올바른 권징을 통해 천국의 열쇠가 시행되므로 비로소 교회가 성화의 기관이 될 수 있다고 지적하였습니다. 이로써 그는 교회를 예배의 공동체로만 여긴 루터와 달리 율법을 재조명하고 또 교회의 사회적 요소에 주목하여 교회는 곧 구원의 기관이면서 동시에 성화의 기관이라고 하였습니다.

둘째, 자기의 회중을 친히 통치하시는 그리스도의 통치는 말씀을 가르치는 것(교리, Doctrina)과 권징(Disciplina)으로 이루어진다고 했기 때문입니다. 이 둘은 하나라고 하였습니다. 이에 따라 교회의 직분을 크게 두 가지로 구분하는데 목양의 봉사와 육체의 필요를 채우는 봉사라고 하여 전자는 장로가, 후자는 집사가 그 직무를 맡았다고 하였습니다.

셋째, 권징의 본질은 영혼을 돌보는 목양(牧羊)이며(regere est pascere), 이를 통해 교회가 올바르게 세워진다고 보았기 때문입니다. 이러한 사상을 그의 책, 『참된 목양』(1538)에서 전개하는데, 본서는 교회정치와 목양의 관계를 아주 명쾌하게 해설하고 있습니다.

권징이 목양이라는 것을 말하기 위해 에스겔 34:15-16의 말씀을 인용하였습니다. '내가 친히 내 양의 목자가 되어 그것들을 누워 있게 할지라.…그 잃어버린 자를 내가 찾으며 쫓기는 자를 내가 돌아오게 하며 상한 자를 내가 싸매 주며 병든 자를 내가 강하게 하려니와 살진 자와 강한 자는 내가 없애고 정의대로 그것들을 먹이리라.'

부서는 여기서 다섯 종류의 양을 열거하고, 권징은 곧 이들 영혼을 돌보며 천국열쇠(죄사함)를 시행하는 것이며, 또 본래 교회를 세우는 목자이신 하나님의 사역이라고 하였습니다. 다음과 같이 상세히 설명하였습니다.

잃어버린 양: 우리 안에 들지 아니한 양(요 10:16, 눅 14:21-23, 막 16:15). 이 양들은 찾아 데려와야 합니다.

쫓기는 양: 그리스도의 양떼와 우리에 있었으나 여기서 나와 방황하는 자(눅 15:4-6, 갈 4:19-20, 딤후 2:24-26). 이들은 다시 회복되어야 합니.

상한 양: 교회와 그리스도와의 교제 안에 있으면서 그리스도에 대한 신앙고백을 포기하고 진리를 부인하며 공적으로 중대한 죄에 빠진 자, 언행으로 이웃에게 손해와 명예를 입힌 자(마 18:15-17, 고후 12:20-21, 갈 6:1-2). 이들은 치료를 받아야 합니다.

병든 양: 십자가 아래에서 약한 자, 그리스도를 고백하지만 믿음과 질서에 연약한 자(사 35:3 이하, 눅 22:31, 롬 14:1, 살전 5). 이들은 강해져야 합니다.

살찌고 강한 양: 잘 보호되고 목양되어야 합니다. 그리고 부서는 이 사역에 헌신하여 영혼을 돌보는 목양과 죄에 대

한 처방약을 준비하도록 특별히 부름받은 교회직원이 바로 장로라고 하였습니다! 그는 특히 상한 양을 치료할 때는 엄격한 회개와 권징을 주의하라고 하였습니다. 자칫 아예 교회를 떠나고 교회의 시벌을 거부하며 상처를 더욱 악화시킬 수 있기 때문입니다. 이런 회개는 유익이 아니라 해를 끼칩니다. 바울은 고린도교회 교인들이 권징을 통해 큰 슬픔과 절망에 빠지는 것을 염려하였습니다. 따라서 회개는 항상 온유하며 유익이 있어야 하며, 위선적이고 외적 의식으로 회개를 오용하거나 변경해서도 안 되며 절망에 빠지지 않도록 해야 한다고 하였습니다. 이런 식으로 부서는 권징이 곧 목양임을 설명하였습니다. 이 점은 장로의 직무가 목양보다는 행정에 치우친 오늘날 우리 교회를 부끄럽게 합니다.

넷째, 나아가 부서는 교회가 직분자에 의해 바른 권징이 나타나 천국의 열쇠가 시행되는 권징의 공동체가 되려면 다음이 선행되어야 한다고 하였습니다. 즉 교회는 말씀과 성례가 신실하게 전달되어 구원의 기관으로서 제 기능을 해야 하고, 나아가 지체들 상호간에 형제와 같은 권징의 교제가 전제되어야 한다는 것입니다.

Q. 츠빙글리가 신정정치를 꿈꾼 이유에 대해 서로 말해봅시다.

Q. 츠빙글리는 왜 당회가 아니라 국가가 권징을 하도록 했을까요?

Q. 교회정치와 관련하여 부서가 루터와 다른 점이 무엇인지를 서로 이야기해 봅시다.

Q. 개혁가 마르틴 부서가 교회를 권징(勸懲) 공동체로 부른 이유를 생각해보고, 오늘 우리 교회는 권징 공동체인지 서로 이야기해 봅시다.

제3장
칼뱅, 아 라스코, 팔츠 교회정치가 꿈꾼 교회

제3장
칼뱅, 아 라스코, 팔츠 교회정치가 꿈꾼 교회

칼뱅과 제네바 교회는 장로의 임기를

왜 1년으로 정하였을까요?

우리나라 장로교회의 경우 현재 교단을 불문하고 장로의 시무를 거의 만 70세로 정하고 있지만, 성경은 장로의 시무가 종신인지 한시적인지에 대해서 명확하게 말하고 있지 않습니다.

그런데 500년 전 종교개혁 당시 교회들은 시무 기간이 조금씩 달랐을 뿐 대부분 한시적이었습니다. 개혁가 칼뱅이 사역한 제네바 교회의 경우는 임기 1년이 원칙이었습니다. 「제네바교회정치」(1541)는 다음과 같이 규정하였습니다. '시의원 선거 후에 장로 선출할 날이 오면 장로들은 시 의회에 출석해야 합니다. 이는 그가 연임할 것인지 아니면 다른 사람으로 대체되어야 할 것인지 결정하기 위해서입니다. 만약 이들이 성실하게 자기들의 의무를 다하였다면 이유 없이 이들을 다른 사람으로 바꾸는 것은 적절하지 않습니다.' 이 같이 제네바는 시의원처럼 매년 12명의 장로를 2월에 임명하였는데, 임기는 1년으로 하여 재임명 될 수도 있었지만 시무가 끝날 수도 있었습니다. 1561년에 작성된 「제네바교회정치」 최종판 역시 동일합니다.

장로의 임기를 한시적으로 정한 것은 비단 스위스의 제네바 교회만이 아니었습니다. 프랑스 개혁교회 역시 「교회권징서」(1559)에서 칼뱅의 노선을 따라 장로의 시무가 종신이 아니라고 규정하였고(25-26조), 네덜란드 개혁교회 역시 「도르트교회정치」(1619)에서 장로의 임기를 2년으로 정하였습니다(27조).

스코틀랜드 장로교회 역시 장로의 임기를 한시적으로 정하였습니다. 제네바에서 칼뱅의 영향을 받고 돌아온 요한 낙스에 의한 개혁운동으로 새롭게 시작한 이 교회가 1560

년에「제1권징서」를 작성하는데, 여기 제8장(장로와 집사의 선출)에서 장로의 임기를 1년으로 정하였습니다. 그러나 18년 후에 채택한「제2권징서」(1578)는 장로의 직무를 행하기에 적합한 하나님의 은사를 지녀서 한번 직분에 부름을 받았다면 그 직분에서 떠날 수 없게 하였고, 그렇지만 반차를 정하여 적절한 기간 서로 교체하여 시무할 수 있도록 규정합니다. 왜냐하면 당시 장로로 봉사하는 것이 그렇게 쉬운 것이 아니기 때문입니다. 장로들은 자기가 담당한 가정들을 성실하게 심방하며 영적 생활과 형편을 살펴야 했기에 큰 부담을 느꼈습니다.

잉글랜드, 아일랜드, 웨일즈, 스코틀랜드에서 온 장로교회 교인들에 의해 세워지고 1789년에 총회로 구성한 미국 장로교회는 스코틀랜드 장로교회의 입장을 고스란히 이어받아 장로 직분은 평생 유지하나 시무 기간에 대해서는 개체교회의 재량에 맡겼습니다. 즉 개체교회가 공동의회에서 종신 혹은 임기를 정해 세울 수 있게 하였고, 그 임기는 3년으로 정하였습니다(1857). 1857년의 이 규정은 핫지(J.A. Hodge)가 쓴「교회정치 문답조례」(What is Presbyterian law?, 1882)를 통해 한국장로교회에 소개 되었습니다(541-542문답). 미국 장로교회 입장을 이어받은 조선예수교장로회는 장로의 시무를 3년으로 정하고 그 후에는 시무 투표를 통해 시무 여부를 결정하였습니다(1922, 1930). 이 규정은 고신교회의 경우 1992년 제4차 헌법 개정 이전까지(1957, 1972, 1981) 남아 있다가 나중에 삭제되어 지금에 이르고 있습니다.

여기서 우리가 생각할 점은 개혁가 칼뱅과 제네바 교회는 왜 장로의 임기를 1년으로 정하였으며, 또 칼뱅의 원리를 따라 세워진 대다수 장로교회와 개혁교회는 왜 장로의 시무기간을 종신이 아니라 한시적으로 하는 것을 선호하였는지에 대한 부분입니다. 첫째, 종신으로 할 경우 교회에 나타날 독재와 교권주의를 예방하기 위해서였습니다. 둘째, 일정한 기간마다 장로를 선출하므로 교인의 영향력을 더욱 크게 하기 위해서였습니다. 셋째, 교인들 가운데 잠재해 있는 다양한 능력과 은사가 가능하면 더 많이 나타나도록 하기 위해서였습니다.

개혁가 칼뱅이 회복을 꿈꾼 교회는 어떤 것이었을까요?

스위스 제네바에서 목회한 개혁자 칼뱅(1509-1564)은 당시 어떤 교회를 꿈꾸었을까요? 그 교회는 기존의 로마 교회와는 확연히 다른 토대를 가진 참된 교회, 그리스도의 교회여야 했습니다. 그런데 그가 꿈꾼 교회를 우리가 어디서 알 수 있을까요? 그가 작성한 『교회정치』입니다!

무엇보다 그가 제네바 교회에 온 직후 작성하여 6개월이 채 되지 않은 1537년 1월에 시의회를 통과한 「제네바 교회 조직 및 예배지침들」입니다. 이는 흔히 '교회설립시안'라 불립니다. 왜냐하면 이를 통해 교회의 새로운 초석을 놓고 교회의 청사진을 제시하기 때문입니다. 그러나 칼뱅은 이를 시행하는 과정에서 교회개혁의 높은 벽을 실감할 뿐 아니라 제네바에서 추방되는 빌미를 주게 되고 급기야 개혁의 실패를 경험하게 됩니다. 그는 여기서 네 가지를 제시하였습니다. 성찬을 지키기 위한 권징과 시편찬송의 도입, 어린이 문답교육과 혼인에 대한 규정입니다. 따라서 그가 꿈꾼 교회를 다음과 같이 말할 수 있습니다.

첫째, 성찬을 순수하게 지키기 위해 권징이 시행되는 교회입니다. 왜냐하면 성찬에서 온 회중이 큰 위로와 열매를 얻고, 서로 한마음과 하나의 영으로 연합하는 거룩하고 탁

월한 신비가 나타나기 때문입니다. 이러한 권징 및 출교는 마태복음 18장에서 예수님께서 자기 교회에 주신 명령으로서 하나님을 향한 경외가 조금이라도 있다면 이 법규가 교회에 세워져야 합니다. 바로 이를 위해 교인 중에 몇 명을 선출하여 교인들의 생활을 감독해야 합니다.

둘째, 고대교회의 모범을 따라 시편으로 회중이 함께 찬송하며 기도하는 교회입니다. 이를 경험해야 신앙이 자라고 성숙할 수 있습니다. 시편은 우리 마음을 하나님께로 끌어 올리고 열렬히 하나님을 노래할 뿐 아니라 찬양으로 그 이름의 영광을 높이도록 돕기 때문입니다.

셋째, 고대교회의 모범을 따라 어린이들에게 교리문답을 가르쳐 이들이 장차 신앙을 공적으로 고백하는 교회입니다. 우리가 만일 마음으로 믿어 의에 이른다면 또한 우리가 믿은 것을 입으로 시인(고백)함으로 구원에 이르게 되기 때문입니다. 부모를 명하여 자녀들이 이 교육을 받도록 해야 합니다.

넷째, 결혼과 이혼에서 질서를 세우는 교회입니다. 당시 부당한 결혼과 이혼이 만연하였기 때문입니다.

칼뱅이 제네바에서 추방되어 스트라스부르에서 목회를 하다가 다시 제네바 교회의 청빙을 받고 돌아와 제출한 1541년의 『제네바교회정치』입니다. 여기서 그가 꿈꾼 교회는 어떤 것일까요?

첫째, 주께서 네 직분, 즉 목사, 교사(신학교 교수), 장로, 집사를 세워서 자기 교회를 통치하시는 교회입니다. 이로써 교회개혁은 성직자와 교인 사이의 차별을 철폐하고, 장로 집사를 교인 중에서 선출하여 공식적으로 교회사역에 참여하도록 하였습니다. 이 중에서 말씀을 선포하고 성례를 집례하며 장로들과 함께 권징을 시행하는 목사의 직무가 중요합니다. 그래서 소명과 관련하여 교리와 생활에서 그를 시험을 해야 하고 또 그는 목사회에 속해야 하며 임직식을 통해 취임하도록 하였습니다. 교수는 신학을 강의하는 일을 맡았으며, 장로는 교인을 돌아보고 감독하여 책망하고 교훈하는 권징을 맡았습니다. 집사는 가난한 자와 병자를 돕도록 하였습니다.

둘째, 위 네 직분에서 시작하여 목사회, 치리회, 아카데미, 종합구빈원을 근간으로 세워지는 교회입니다. 목사회는 목사들이 교리의 순수성을 지키고 또 회무 처리를 위해 매주 금요일에, 치리회는 12명의 목사와 12명의 장로로 구성하여 매주 목요일에 회집되었습니다. 여기서 재판과 교육, 목회상담이 이루어졌습니다. 재판은 절차를 따라 이루어지되 은밀한 범죄는 은밀한 방법으로 해야 했습니다. 아카데미는 1559년에 시작되는데 목사 및 다양한 전문가 양성을 위해 설립된 교육기관으로서 교육만이 하나님 나라를 바르게 세우는 가장 효과적인 방법이라는 확신을 가진 칼뱅의 신념이 구체화된 현장이었습니다. 종합구빈원은 칼뱅 이전에 이미 세워졌지만 여기에 성경적 근거를 제시하였습니다. 즉 이 기관의 담당자를 집사로 간주하였던 것입니다.

셋째, 신앙고백을 한 자만 참여하여 성찬(1년에 4회 시행)의 순수성을 지키는 교회입니다.

넷째, 질서를 따라 결혼과 장례를 시행하는 교회입니다. 혼례는 주일이나 평일 예배에서 설교 직전에 시행해야 했고, 장례는 예의를 갖추되 말씀에 위배되는 미신을 피하도록 하였습니다.

다섯째, 환자 심방과 죄수 방문을 통해 구원에 유익한 권면과 교훈을 듣게 하여 참 위로를 주는 교회입니다. 그래서 환자는 사흘이 되기 전에 목사에게 통보해야 했습니다. 죄

수 방문은 토요일 식사로 정해졌는데 그들을 교훈할 뿐 아니라 위로하기 위해서였습니다.

이 같이 칼뱅의 교회는 그의 교회정치에 그대로 나타났습니다. 그렇다면 우리의 교회정치는 어떤 교회를 꿈꾸며 청사진으로 제시하고 있는 것일까요?

개혁가 칼뱅은 왜 '엄격한' 권징을 반대하였을까요?

개혁가 칼뱅(1509-1564)이 종교개혁 당시 꿈꾼 교회는 무엇보다 권징(勸懲)을 시행하는 교회였습니다. 그는 이를 위해 교회의 영적 정부인 치리회를 별도로 구성하였습니다. 그는 마태복음 18장에서 그리스도께서 주신 명령을 따라 세례 신자가 교리와 생활에서 과오를 범하였을 경우 처음에는 두 번까지 은밀하게 권면하고 훈계하지만 계속 자기 죄를 고집할 경우 세 번째는 모든 회중 앞에서 공개적으로 출교를 해야 한다고 하였습니다. 칼뱅은 출교가 권징의 행사로서 교회에서 유용할 뿐 아니라 필요하다고 하였습니다. 그럼에도 칼뱅은 엄격한 권징을 반대하는데 이 때문에 당시 과격한 개혁을 주장한 재세례파를 논박하는 글을 쓰게 되었습니다. 재세례파는 말 그대로 유아 시에 받은 세례를 무효화시키고 다시 세례를 받아야 한다고 주장하는 무리입니다. 그러나 재세례만이 이들의 특징이 아닙니다. 칼뱅은 도대체 왜 이들의 엄격한 권징을 환영하지 않고 도리어 반대하였을까요?

재세례파의 지도자 메노 시몬스(1492~1559)의 주장을 직접 들어봅시다. 그는 네덜란드 사람으로서 본래 교회의 사제로 있다가 개혁가들의 저술을 읽고 영향을 받지만 재세례파의 지도자가 됩니다. 비교적 합리적인 사상을 가진 자로 알려졌지만 출교에 대한 그의 사상은 아주 엄격합니다. 그의 저술『출교에 관한 문답』에서 이를 볼 수 있습니다. 예를 들어 그는 교회에서 출교를 당해야 하는 사람을 마태복음 18장(15~17절)과 고린도전서 5:11에 근거하여 공개적이고 부끄럽고 육체적인 생활을 좇는 사람, 이단적이고 부정한 교리에 감염된 사람(딛 3:1)등을 꼽는데 이들을 교회에서도 '분리'할 뿐 아니라 사회적으로도 '분리'할 것을 명령하였습니다. 심지어 남편과 아내, 부모라 할지라도 그렇게 해야 하고 그렇게 하지 않는다면 그들도 교회에서 출교와 '분리'를 시켜야 한다고 하였습니다. 왜냐하면 그들로부터 오염되기 때문입니다. 다음을 보십시오.

"어느 사람이 이런 출교(명령)를 지키지 않았지만 그를 경건한 자라고 한다면, 그래도 그는 마찬가지로 제재를 받아야 하는가? 아무리 경건한 자 하더라도 그의 경건을 순종 속에서 보여야 할 것이고…만약 어느 사람이 의도적으로 성경에 금지된 것을 행한다면, 우리는 그가 하나님의 말씀을 멸시하고 공개적으로 반항한다는 결론에 이를 수밖에 없다.…우리들이 그것을 지키지 않는다면 하나님의 회중에서 차단될 수밖에 없다. 이것을 바르게 인식해야 한다."

"남편과 아내가 출교 때문에 서로 차단될 수 있느냐? 아버지와 자식 간도 마찬가지인가? 먼저 제재의 법칙은 일반법칙이다. 그래서 누구도 예외가 없다. 남편과 아내 사이에도, 아비와 자식 사이에도 마찬가지로 적용된다.…우리는 추방이 배교자에 의한 거짓된 교리와 추정한 육체로 더럽혀지는 것을 막아 준다고 말한다. 어느 누구도 우리의 배우자와 부모 이상으로 우리를 더럽힐 수 없기에 성령은 우리를 그들과 차단시켜 우리들이 그들 때문에 더럽혀지지 않도록, 그리하여 하나님 앞에서 부끄러움을 당하지 않도록 하신다. 우리가 남편 또는 아내, 그리고 자녀를 그리스도 이상으로 사랑한다면 우리는 그리스도의 제자가 될 수 없다."

이에 대해 칼뱅은 『재세례파 논박』(1544)에서 첫째, 비록 권징이 제대로 시행되지 않지만 그럼에도 말씀과 성례가 시행되고 있는 것을 본다면 그곳을 교회라고 부를 수 있으며, 따라서 성찬에 참여하지 못할 이유가 없고 둘째, 그러한 '오염된' 교회에서 자기를 '분리'시키는 것은 합당하지 않다고 하였습니다. 지상교회는 알곡과 가라지가 섞여 있는 교회여서 '누구든지 하나님에 의해 제정된 성례에 사악한 사람들과 함께 참여할 경우, 자신이 깨끗하고 청결한 양심을 갖기만 한다면 그들의 무리에 오염되지 않는다'고 하였습니다. 그리고 고린도교회와 갈라디아교회를 예로 들며 '광신자들이 도입하기를 원하는 것처럼 참 신자는 교회의 악한 자들로 인하여 자신이 오염될 것이 두려워 무리로부터 자신을 분리시켰다고 읽지 않으며 도리어 자기가 나무랐던 잘못들을 각자 자신의 위치에서 고치라고 충고하는 것으로 만족한다'고 하였습니다(고전 5:1이하, 갈 5:4 이하). 칼뱅은 '우리가 성찬에 참여할 때 다른 사람이 아니라 자기 자신을 살펴봐야 한다'고 하였습니다.

결국 '분리'는 우리를 교만에 부풀게 하고 위선으로 미혹하여 예수 그리스도의 양 무리를 버리게 하는 마귀의 일이라고 하였습니다.

> "우리가 천사보다 더 거룩한 모습을 갖게 될 때, 만약 그러한
> 자만으로 그리스도의 회중으로부터 우리 자신을 분리하는 것
> 으로 나아간다면 우리는 마귀가 됩니다."

이러한 칼뱅의 교훈은 우리에게 큰 의미가 있습니다. 한
편으로는 권징이 사라지는 것도 큰 문제이지만, 다른 한편
으로는 엄격하게 권징을 하는 것도 크게 잘못되었기 때문입
니다.

개혁가 아 라스코가 회복을 꿈꾼 교회는
어떤 것이었을까요?

폴란드 태생의 종교개혁가 요한 아 라스코(1499-1560)는
다른 개혁가들에 비해 잘 알려지지 않은 인물이지만 약 20
년의 사역 기간 북유럽의 제네바로 불린 독일의 엠든과 영
국의 런던 등에서 새로운 교회건설을 위해 탁월한 은사를
발휘한 자였습니다. 특히 그가 추구한 이상적인 교회는 이
후 스코틀랜드와 프랑스, 네덜란드, 폴란드의 교회에 큰

영향을 끼치게 됩니다. 일찍이 인문주의자 에라스무스의 서재를 구입할 정도로 그의 영향을 받고, 또 개혁가 파렐(1525), 멜란흐톤(1537), 칼뱅(1555)을 만나고 교제하기도 한 그가 회복을 꿈꾸고 또 실천에 옮기고 당시 교회들에 영향을 끼친 교회 모델은 도대체 어떤 것이었을까요? 이를 그가 작성한, 일종의 예배지침과 교회정치를 합친 것이라 할 수 있는「영국 런던에 있는 피난민 교회 교회적 봉사의 전체적인 예식과 가르침」에서 볼 수 있습니다.

첫째, 그는 같은 신앙고백을 통해 연합을 이루는 교회를 추구했습니다.

신앙의 박해를 피해 독일 엠든에서 영국 런던으로 피난하였을 때(1550년) 영국 국왕 에드워드 4세에 의해 런던에 소재하는 모든 피난민 교회를 주관하는 책임자(슈퍼인텐던트)로 임명을 받자마자 그는 교회 건설의 가장 중요한 단계로서 신앙의 주요사항에 대한 교리를 담은「교리 개요」를 작성하고(1551년 1월), 교회에 가입하는 교인은 모두 이에 공적으로 서명한 후에야 교인명부에 이름을 올리도록 하였습니다. 「교리 개요」 1부는 그리스도의 본성과 제사장직, 교회의 의의와 표지, 직분에 대해, 2부는 공예배와 기도문이 실렸습니다. 즉 그는 교리와 예배에서 하나가 되는 교회를 꿈꾸었습니다.

둘째, 그는 교회의 4대 공적 사역, 즉 설교와 성례 시행, 구제, 권징이 공적으로 신실하게 시행되는 교회를 추구했습니다.

바로 이를 위해 로마천주교의 교직 제도와 달리 네 직분, 즉 목사와 장로와 집사, 그리고 교구 책임 목사(슈퍼인텐던트) 직분을 제시합니다. 직분을 교회에 항존(恒存)하는 기능을 따라서 구분하고, 그리고 직분자가 자기 고유한 의무에 전적으로 헌신하도록 한 점은 오늘 우리에게 많은 것을 시사합니다. 왜냐하면 자기 직무를 제대로 하지 않는 직원과 오로지 명예를 위해 세우는 직원이 우리 주변에는 허다하기 때문입니다. '교구 책임 목사'라는 직분에서 아 라스코는 장로정치와 감독정치 사이의 제3의 길을 제시하는데, 교구 책임 목사는 군림이 아니라 감독하는 목사라고 하였습니다.

셋째, 그는 교인들이 직원 선출과 권징(특히 출교)에서 적극적으로 참여하는 교회를 추구했습니다.

목사, 장로, 집사 선출에 교인이 아닌 시 의회와 목사회가 개입한 칼뱅의 제네바 교회와 달리 아 라스코의 교회는 교인의 참여가 가장 극대화된 교회였습니다. 예를 들면 교회 앞에 선출 광고를 하고 직분의 의무와 자격에 대해 설교를 들은 후에 교인들은 한 주간 후보자를 추천할 수 있었고, 선출 당일에 치리회가 그 후보 중에서 2배수를 선정하면 교인들이 그들 중에서 직접 선출할 뿐 아니라, 심지어 후보가 아닌 사람도 선출할 수 있었습니다. 또 어떤 교인을 출교할 시에는 반드시 회중의 동의를 구하도록 하였습니다.

넷째, 그는 장로들의 회인 치리회를 통해 권징이 나타나는 교회를 추구했습니다. 그러나 사적으로나 공적으로 권면의 단계를 거치게 하였고, 또 출교와 해벌 시에는 반드시 공적 예식문을 사용하였습니다. 이는 교리의 순수성과 성례를 보호하기 위한 것이었습니다. 치리회 회원들은 3개월마다 형제로서 서로 권면하는 시간을 가짐으로써 자신을 먼저 돌아보았습니다.

다섯째, 그는 특히 교회의 공적 사역인 말씀을 강조하는 교회를 추구했습니다. 그래서 그는 설교 외에 교리문답을 작성하여 가르칠 뿐 아니라 특히 매주 하루(화요일은 혹은 목요일)는 온 교인이 회집하여 소위 '예언'(Prophecy)이라 불리는 설교 토론 시간을 가졌습니다. 설교와 기도에 이어 30분

교리가 해설된 후에 교인들이 참여하여 질의와 응답, 토의하는 시간이었습니다. 이는 교리에서 오해를 바로잡고 극단주의자를 물리치는 중요한 수단이 되었습니다.

여섯째, 그는 공적 예식을 강조하여 일치와 교육의 효과를 이루는 교회를 추구했습니다.

예를 들면 결혼은 주일예배 일부로서 교회를 세우는 중요한 일로 자리매김이 되었습니다. 장례도 시신을 교회로 옮긴 후에 공적 예식을 거행하였는데, 여기서 죽음에 대해 교훈하고 권면하였으며, 매장 후에는 축도와 헌금 순서로 마쳤습니다. 또 환자 심방도 예식문을 사용하여 위로할 뿐 아니라 교훈을 주는 계기로 삼았습니다.

하이델베르크교리문답이 왜 팔츠(Pfalz)교회정치에 실렸을까요?

독일의 하이델베르크는 세계에서 많은 관광객이 찾는 명소입니다. 구(舊)시가의 아름다운 모습과 고풍의 하이델베르크 성, 그 성에서 내려다보는 도시와 강의 전경, 철학자의 거리 등은 이곳을 찾는 사람들에게 감동을 줍니다.

그런데 여기가 독일의 옛 이름인 신성로마제국의 팔츠

(Pfalz) 지방의 수도로서 500년 전 당시 종교개혁의 중심지인 것을 아는 사람은 그리 많지 않습니다. 바로 이곳에서 유명한 「하이델베르크 교리문답」(1563)이 작성되었습니다. 원래는 이 지역을 위해 만들어졌지만 한 세기 만에 전 유럽으로 확산되었고 지금은 세계적으로 개신교회들에서 사랑받는 교리문답서가 되었습니다.

당시 하이델베르크의 교회개혁을 위해 수고한 세 사람은 팔츠 지방의 선제후가 된 프리드리히 3세(1515–1576), 그리고 그의 초청으로 이곳에 온 우르시누스(1534–1583)와 올레비아누스(1536–1587)였습니다. 우르시누스가 주도하여 작성한 것으로 알려진 「하이델베르크 교리문답」은 이 도시의 교회개혁을 위해 바른 교리를 가르칠 때 가장 필요한 것이었습니다. 그런데 이 교리문답서가 놀랍게도 『팔츠교회정치』에 수록이 됩니다(1563년 11월). 우리가 눈여겨볼 것은 「하이델베르크 교리문답」이 도대체 어떻게 해서 교회정치 혹은 교회법에 실리게 되었는가 하는 점입니다. 거기에 무슨 이유와 목적이 있는 것일까요?

사실 하이델베르크를 포함한 팔츠 영지에 속한 교회들의 개혁에서 교리문답서와 교회법은 분리해서 생각할 수 없습니다. 교리문답서가 내용이라면 그 실천방법을 규정하여 그 내용을 담은 그릇 역할을 한 것이 교회법이기 때문입니다. 즉 교회개혁을 위해 필요한 바른 교리를 교회에 적용하고 구현하기 위해서는 교회법을 통하지 않고서는 불가능했기 때문이었습니다.

무엇보다 교리문답서와 교회법은 같은 필요성과 목적을 갖고 있었습니다. 『팔츠교회정치』(1563년) 서문에서 프리드리히 3세는 교리문답이 왜 필요한지를 분명하게 밝혔습니다. 그것은 바로 오류와 불일치 때문이었습니다. 이제는 오류가 아니라 바름이, 불일치가 아니라 같음이 요구되었고, 그래서 확실한 교리문답서가 만들어졌다고 하였습니다. '과인은 지난 1월 우리 기독교의 요약된 교육서 또는 교리문답서가 아니라 하나님의 말씀에서부터 작성되어 공개적으로 인쇄되도록 하였는데, 그렇게 하도록 한 이유가 무엇이었는지 밝히고 실행되도록 했습니다. 특히 청소년들을 가르치고 세우는 데 있어서 여러 오류와 불일치를 발견했기 때문인데, 거기서부터 적지 않은 잘못된 이해와 무질서가 일어나고 생기게 됩니다. 이것(교리문답서)을 통해 이런 종류의 결핍이 제거되고 이제는 하나의 확실하고 견고한 형식과 도구를 갖게 되는 것입니다. 이제 또한 예식과 거룩한 성례의 실행, 교회의 다른 행사들에서 같은 방식으로 바름과 일치에 따라 요구되는 필요가 있어…하나님의 말씀과 뜻의 바른 지식에 이르도록 인도되고 이끌려야 하겠습니다.'

　이어서 『팔츠교회정치』는 교리문답서를 첨부하기 전에 '그래서 교리문답이 아래의 방식으로 사용되어야 합니다'는 제목 아래 그 주된 활용 방식에 대해 설명합니다. 즉 단순히 첨부하는데 그치지 않고 구체적으로 교회에서 어떻게 사용하여 성도들의 신앙을 도울지 알려줍니다. 교회법이 정한 방식은 크게 세 가지인데 이를 교리문답서 낭독, 요약 낭독, 설교로 구분할 수 있습니다. 그래서 팔츠의 신자들은 1년이면 교리문답서를 다섯 번 통독하고, 교리문답서 요약을 52번 듣게 되며, 1년에 한 번은 교리문답서 전체의 설교를 들었습니다. 청소년은 매 주일 두 주 분량의 내용을 암기해야 했습니다. 결론적으로 『팔츠교회정치』는 교리문답서가 그들의 일상이 되게 하였습니다. 그래서 「하이델베르크 교리문답」 제1문답에서 말하는 것처럼 살아서나 죽으나 참되고 유일한 위로가 그리스도께 있음을 일상에서 고백하게 하였습니다.

이 같이『팔츠교회정치』에 교리문답이 실리게 되는데, 순서는 다음과 같습니다. 설교가 제일 먼저 나오고, 둘째로 세례, 셋째 교리문답, 넷째 성찬, 다섯째 권징, 여섯째로 구제, 기도 등의 순서로 이어집니다. 이 순서를 잘 보면 교회정치의 목적은 결국 말씀이 전파되기 위한 것에 있음을 알 수 있습니다. 그래서 먼저 설교가 나옵니다. 그런데 설교가 있는 교회는 하나님의 언약으로 살아갑니다. 그래서 언약의 표인 세례가 나옵니다. 이를 위해 바른 교리가 교육됩니다. 그 목표는 성찬에 참여하여 그리스도와 가지는 교제입니다. 그래서 교리문답교육은 세례에서 출발하여 성찬 시행을 목표로 하고 있습니다. 이 점에서 교회법은 신앙교육을 위한 법이라고 할 수 있습니다.

오늘 우리 헌법 안에도 교리표준(신앙고백서, 대/소교리문답)과 관리표준(예배지침, 교회정치, 권징조례)이 함께 실려 있습니다. 이는 무슨 뜻일까요? 즉 교회정치와 권징조례는 궁극적으로 바른 교리를 가르치고 지키어 이로써 우리가 바름과 같음을 가지기 위한 것임을 알 수 있습니다.

Q. 장로의 시무를 한시적으로 정한 개혁가들의 주장을 서로 이야기하면서 우리 교회 현실에서 이를 적용할 수 있는지를 생각해 봅시다.

Q. 개혁가 칼뱅이 꿈꾼 교회는 어떤 모습이었을까요?

Q. 개혁가 아 라스코가 꿈꾼 교회는 어떤 모습이었을까요?

Q. 『팔트교회정치』에서 교리문답을 실음으로써 이들은 어떤 교회를 꿈꾸었을까요? 이것이 오늘 오늘 우리에게 주는 교훈에 대해 서로 이야기해봅시다.

제4장
장로회 정치가 꿈꾸는 교회

제4장
장로회 정치가 꿈꾸는 교회

교회정치는 도대체 무슨 목적을 위해 존재하는 것일까요?

교회정치는 도대체 무슨 목적을 위해 존재하는 것일까요? 교회의 왕이요 머리이신 주 예수님은 국가 공직자들이 정부를 구성하여 국민을 통치하는 것과 구별하여 교회에 직원들을 세우시고 이들이 영적 정부를 구성하여 자기 백성을 통치하게 하셨습니다. 그런데 이 영적 정치를 담당하는 교회직원들과 이들이 구성하는 영적 정부인 치리회(당회 등)는 도대체 무엇을 위해 존재하는 것일까요? 세속 정치와 구별되는 영적 정치의 존재 목적은 무엇이며, 세속 정부와 구별되는 영적 정부의 존재 목적은 무엇일까요?

우리는 이에 대답을 현재 예장 고신 헌법 중 관리표준 항목에 실려 있는 '예배지침'–'교회정치'–'권징조례'의 순서에서 찾고자 합니다. 지난 2011년 헌법 개정 이전까지 익숙한 순서는 '교회정치'–'예배지침'–'권징조례'였습니다. 그런데 '교회정치'–'예배지침'의 순서가 왜 '예배지침'–'교회정치'의 순서로 바뀌게 되었을까요? 이 순서의 변화는 과연 본질적인 것이었을까요? '예배지침'–'교회정치'–'권징조례' 순서의 의미는 아주 분명하고 단순합니다. 즉 '교회정치'에서 규정하는 교회직원과 치리회인 영적 정부와 영적 정치는 본래 공예배와 '예배지침'을 지키기 위해 존재한다는 것을 부각시키기 위해서입니다. 그래서 '예배지침'이 먼저 오고 이를 위해 존재하는 도구인 '교회정치'가 뒤에 오게 되었습니다. 그리고 '교회정치' 뒤에 '권징조례'가 나오는 것은 교회정치의 핵심과 내용은 다름 아니라 권징이라는 점을 말하고 있습니다. 따라서 2011년 헌법개정에서 관리표준의 항목 순서가 바뀐 것은 교회정치와 권징조례가 존재하는 목적이 본래 교회의 공예배와 예배지침을 지키기 위한 것임을 확인할 뿐 아니라 오늘날 이 목적이 퇴색되어가는 잘못된 교회 현실을 바로 잡기 위해서였습니다.

종교개혁가 칼뱅(1509-1564)이 예배지침과 교회정치의 관계를 명확하게 정리해주었습니다. 그의 글 「교회개혁의 필요성」에서 칼뱅은 예배를 영혼에, 교회정치를 몸에 비유하고 교회정치는 예배를 위해 존재함을 강조하였습니다. '교회의 통치와 목회의 직무, 그 밖의 질서가 성례와 함께 몸에 비유된다면, 한편 바르게 하나님을 예배하기 위한 규칙을 정하고 또한 인간의 양심으로 하여금 구원의 소망을 갖게 만드는 근거를 지시하는 교리는 영혼인 바, 바로 이 영혼이 몸에 호흡을 주며, 몸을 활기 있게 하고 활동하게 하며, 요컨대 몸으로 죽어 무용한 시체가 되지 않게 하는 것이라고 말입니다.'

그래서 칼뱅과 제네바교회가 작성한 「제네바교회정치」(1541)는 서문에서 주님이 자기 말씀으로 보여주시고 세우신 영적 정부가 왜 그들 가운데 세워져서 질서 있게 시작되어야 하는지 그 이유를 밝히고 있습니다. 즉 주의 거룩한 복음의 교리가 순수하게 보전되어 교회가 유지되고 젊은이들을 가르치며 가난한 자를 구제하기 위해서라고 하였습니다. 여기 보면 영적 정부와 영적 정치의 목적 중 하나는 거룩한 복음의 교리가 보전되고 이를 가르치는 것입니다. 그렇다면 거룩한 복음의 교리는 어떤 것입니까? 칼뱅의 말을 요약하면 이는 곧 예배를 받으시는 하나님과 그 하나님에게서 구원을 받는 사람에 대한 교리라 할 수 있습니다.

스코틀랜드 장로교회의 중요한 문서인 「제2권징서」(1578) 제2장 제2조는 교회에 항상 있어야 할 항존(恒存)하는 직무를 교리(doctrine), 권징(discipline), 나눔(distribution)으로 규정했습니다. 이 중에 제일 먼저 나오는 것이 바로 '교리'(교훈)입니다. 이 조항의 의미는 바로 교리를 위해 권징과 나눔이 있다는 뜻입니다. 그리고 본 문서는 이러한 항존 직무를 위해 항존 직원인 목사 장로 집사가 있다고 이어서 밝히고 있습니다.

예장 고신 헌법 「예배지침」 제1조도 교회를 예배하는 공동체라고 정의하면서, 계속적인 하나님의 말씀이 정확하게 선포되어야 하고, 성례를 올바르게 집행하여야 하며 권징을 정당하게 시행함으로 그 정통성이 유지되어야 한다고 하였습니다. 여기도 권징을 시행하는 목적이 결국 하나님의 말씀이 바르게 선포되는 것과 성례를 올바르게 집행하는 것이라는 점이 강조되고 있습니다. 다르게 말하면 말씀이 선포되고 성례가 집행되는 현장이 공예배이기에, 교회정치의 내용인 권징의 목적은 결국 참 예배를 지키기 위한 것임을 알 수 있습니다.

그렇다면 이제 종교개혁의 후예인 우리는 어떠합니까? 교회직원과 영적 정부인 치리회는 영적 통치의 목적인 예배를 지키는 것에 얼마나 힘쓰고 있습니까? 그리고 그 예배를 통해 바른 교훈이 순전하게 보전되어 교회가 유지되는 것을 위해 얼마나 전심전력합니까? 칼뱅이 말한 대로 우리 예배가 기독교와 교회의 영혼이며, 이를 위해 우리 교회정치는 그 몸으로서 충실하게 존재합니까?

장로회 정치가 왜 가장 성경적입니까?

장로교회의 특징 중 하나는 목사와 장로로 구성된 '장로회'(長老會, 딤전 4:14)가 영적 정부가 되어 회중을 다스린다는 점입니다. 한 사람의 목사 혹은 다수의 목사, 또는 교인들이 아니라, 목사와 장로가 함께 동역하는 장로회(당회, 노회, 총회 등 치리회)에 의한 정치는 다른 정치형태와 비교할 때 가장 성경에 가까울 뿐 아니라 가장 민주적이어서 교회 역사에서 가장 바람직한 것으로 검증을 받고 있습니다. 우리는 교회의 머리이신 주 예수님이 바로 이 장로회에 천국의 열쇠라는 권세를 시행하도록 위임하셨다고 믿습니다.

그런데 여기서 의문이 듭니다. 과연 구약 시대에도 장로회에 의한 정치가 있었을까요? 또 도대체 그 특성과 원리가 무엇이기에 다른 정치 체제와 비교할 때 가장 성경적이라는 것일까요?

첫째, 장로들의 회는 구약의 이스라엘에 일찍이 존재하였으며 '장로들의 회'는 구약과 신약교회를 다스리기 위해 하나님께서 세우신 것이었습니다. 즉 출애굽 이전(출 3:16-18)부터 이스라엘 장로들이 이미 백성 중에서 권위를 행사하는 자리에 있었습니다. 이후 중요한 일이 있을 때마다 소집하고 알렸고(출 17:5; 18:12), 행정과 사법적인 일로 모세를 돕기 위해 70명의 '장로들의 회'가 조직됩니다(출 24:1, 9; 민 11:16; 신 25:7-9). 그리고 왕국시대, 심지어 포로시대(렘 29:1; 겔 8:1)와 포로이후시대(에스라 5:3-11; 마카비 1서 12:6; 14:20; 유딧 6:16) 뿐만 아니라 예수님 당시에도 장로들의 회는 존재하였습니다(눅 22:66; 행 22:5).

둘째, 장로회의 특징은 그 원리를 성경에 근거를 둔다는 점입니다. 그래서 종교개혁가들은 그들의 저술에서 성경주

해에서 출발하여 장로회 정치원리를 제시하였고, 특히 『웨스트민스터교회정치』(1645)는 각 조항마다 성경적 근거를 제시하고 있으며 또 이러한 장로회 정치원리는 신앙고백서에도 반영되었습니다(『웨스트민스터 신앙고백서』 30–31장).

셋째, 지방정치나 감독 정치와 달리 장로회 정치는 성직자나 국가가 아니라 교인의 자유와 권리를 더욱 강조합니다. 이는 종교개혁 당시 이신칭의 복음과 만인 제사장 사상이 재발견되면서 개혁가들에 의해 선언된 권리이기 때문입니다. 이러한 교인의 자유와 교인의 권리는 교회정치 8대원리 중에서 '양심의 자유'와 '교회의 자유'에서 천명되었습니다. 또 구체적으로는 교인이 직접 교회직원을 선출하는 것과 치리회 결정이 성경과 신앙고백과 교회정치에 합치되지 않을 경우 순차대로 상회에 상소할 수 있는 상소권 등에서 볼 수 있습니다(『교회정치』 제3장 제24조를 참고하십시오).

넷째, 로마천주교나 감독 정치와 달리 장로회는 지역교회(개체교회)를 강조합니다. 로마가톨릭은 하나의 가시적인 세계교회를 강조하면서 지역교회를 평가절하합니다. 그들에게 지역교회는 하나의 지회(支會)에 불과하기 때문입니다. 이에 대하여 장로회는 지역교회를 강조합니다. 이는 현

실과 아무런 관련이 없는 추상적인 교회에 대한 사상을 반대하기 때문입니다. 마태복음 18장에 있는 대로 이 지역교회는 치리회를 통해 회개하지 않는 자를 이방인과 세례처럼 여길 수 있는 권징 곧 천국의 열쇠가 시행되는 아주 구체적이면서 눈에 분명하게 보이는 가시적인 교회입니다.

다섯째, 감독 정치와 달리 장로회 정치는 직분 중에서 특별히 장로직의 필연과 기능을 강조합니다. 장로는 성도의 믿음과 행실을 감독하는 직분으로서 목사와 함께 장로회를 구성하여 권징을 시행하기 때문입니다. 개혁가 칼뱅은 교회란 구체적으로 설교와 동시에 권징이 시행되므로 그리스도께서 성령을 통하여 신비롭게 구체적으로 현존하시는 몸이라고 보았습니다.

여섯째, 회중교회와 달리 장로회는 치리회의 신적 권위를 존중합니다. 그래서 당회, 노회와 총회 등 치리회의 결정이 구속력이 있다는 것을 믿습니다. 비록 치리회는 대표로 구성되지만 그럼에도 단순히 직분자의 회합으로 볼 수 없습니다. 교회가 노회나 총회에 총대(대표)를 보낼 때는 치리회에서 결정을 내릴 수 있는 권한까지 위임하여 보내기 때문입니다.

일곱째, 국가교회 혹은 루터교회(혹은 지방정치형태)와 달리 장로교회는 지방 혹은 국가의 권력에서 독립되어 있습니다. 치리회는 오직 교회적인 사안을 다루며 국가와 연관된 시민적 사안에 개입하지 않습니다(「웨스트민스터 신앙고백서」31:4).

그렇다면 이 장로회 원리가 지금 우리에게 얼마나 실현되고 있습니까?

노회의 시찰(視察)은 도대체 언제부터 시작되었을까요?

'시찰'이라는 말은 국어사전에서 '직접 돌아다니며 둘러보고 실제의 상황을 살핌'이라는 뜻을 가지고 있습니다. 해외시찰, 산업시찰 등에서 그 용례를 볼 수 있습니다. 그런데 이 용어가 놀랍게도 노회마다 구역 단위로 구분한 '시찰회' 조직에 사용되었습니다. 즉 시찰회는 교회를 방문하여 교회 상황을 살피기 위해 노회가 세운 조직으로서 매번 노회에 시찰에 속한 교회들의 상황을 보고하고 있습니다. 그런데 이 시찰회는 도대체 무슨 목적으로 언제 어디서 비롯되었을까요?

시찰의 영어 단어는 'visitation'(방문 혹은 심방을 뜻합니다)로서 베드로는 룻다에 사는 성도들을 방문하였고(행 9:32), 바울은 수리아와 길리기아를 다니며 교회들을 견고하게 하였습니다(행 15:41). 특히 바울은 자주 교회를 방문하여 교회를 세우는 데 힘썼습니다. 그러다가 시간이 흐르면서 특히 중세시대에 이 교회 시찰은 자주 악용되어 주교를 통하여 시벌을 과하기 위할 목적으로 이루어지기도 하였습니다.

그렇다면 500년 전 종교개혁은 이 시찰을 어떻게 하였을까요? 폐지하였을까요? 아닙니다. 이를 개혁하여 이어나갔습니다.

첫째, 개혁가 루터는 지방의 군주가 교회를 통치하는 소위 지방정치형태를 형성하는데, 그 결과 지방의 군주가 로마가톨릭의 주교(감독)를 대신하여 시찰을 맡게 되었습니다. 루터가 처음에는 군주가 이 사역을 맡는 것에 대해 주저하였지만 두 차례의 시찰 결과를 보고 나서는 오히려 군주들을 독려하기도 하였습니다. 시찰 결과가 심각할 정도로 매우 나빴기 때문이었습니다. 비록 당시 복음의 빛이 비치기는 했지만 상당수 설교자들이 여전히 복음에서 크게 벗어나 설교와 주장을 하고 있기 때문이었습니다. 그래서 루터는 당시 삭슨의 요한 프리드리히에게 '도움이 되지 않는 설교자들을 정부의 도움으로 해임하는 것만큼 당신이 기독교적인 사역을 행하는 것이 없다고 나는 믿는다'고 말하기까지 하였습니다. 루터는 시찰을 위해 실제적인 제안까지 하는데, 즉 지역을 여러 구역으로 분할하며 일정한 지침을 가지고 시찰해야 한다는 것이었습니다. 그래서 마침내 1527년 6월 16일에 공식적으로 지침이 공표되었습니다. 시찰의 목적은 무엇보다 설교자의 능력 즉 그의 가르침과 행실에 대한 것이었습니다.

둘째, 개혁가 칼뱅의 「제네바교회정치」(1546)에 가서야 시찰이 비로소 온전하게 회복됩니다. 시찰 목적은 제네바에 속한 모든 교회에서 바른 질서와 교리의 일치를 지키기 위해서였습니다. 이를 위해 시의원 2인과 목회자 2인을 각각 선출하여 일 년에 한 차례 각 교구를 시찰하여 복음의 순수성에 위반하는 새로운 교리를 주장하지 않았는지를 조사하였습니다. 또 목회자가 교회의 건덕(建德)을 위해 설교하는지, 혹은 충격적이거나 가르치기에 적합하지 않은 방식으로 설교하지는 않는지를 살폈습니다. 그리고 교인들에게는 예배에 참석하는 것을 기뻐하며 기독교인으로 합당하게 생활하도록 권면하고, 목회자들에게는 고유한 직무의 요구를 가르쳐서 어떻게 봉사해야 하는지를 배우도록 권면하였습니다. 나아가 목회자들이 설교뿐 아니라 또 환자를 방문하는 일에도 성실한지 여부를 판단하였고, 그래서 특별히 이 점이 요구되는 자들에게는 권면하여 하나님을 욕되게 하는 일이 없도록 하였습니다. 또 목회자가 진리와 선한 행실을 증거하고 있는지, 다른 사람과 화평하게 지내는지도 판단하였습니다. 그러나 이러한 시찰 활동은 어디까지나 주님의 말씀에 수종을 드는 사역이며 고자세의 권리행사가 아니라 형제로서 하는 것이었습니다.

이러한 전통을 따라 한국장로교회는 노회마다 시찰회를 두어 소속 교회들을 시찰하고 중요사건은 협의 지도하며 노회에 보고하도록 하였습니다. 특별히 조선예수교장로회 1922년 헌법을 보면 「시찰위원들이 시찰위원 특별 심방 시 문답」이라는 지침 아래 각 교회 형편을 시찰하도록 하였습니다. 이 지침은 고신교회의 경우 1981년 헌법까지 있었으나 1992년부터 생략된 것으로 지금에 이르고 있습니다. 여기에 목사와 장로, 당회와 제직회에 대한 문답이 각각 있는데, 그중 목사에 대한 문답을 소개하면 다음과 같습니다.

'진실한 마음으로 복음의 말씀을 힘써 전하십니까? 공적 예배를 드리기 위하여 항상 부지런히 예비하십니까? 교인의 집을 자주 심방하며 1년에 몇 번씩 심방하며…우환 중에 있는 자를 특별히 심방하십니까? 매일 자기 영혼과 다른 사람의 영혼을 위하여 성경을 연구하는 시간이 합하여 몇 시간이 되십니까? 지난 1년간 어떤 새 서적을 읽으셨습니까? 어떤 신문과 잡지를 읽으십니까?'

오늘날 노회의 직무 중 하나인 시찰 기능이 거의 약하게 된 시점에서 성경과 종교개혁의 정신을 따라 바른 질서와 교리의 일치를 위해 시찰 기능의 회복이 어느 때보다 요청됩니다.

장로(집사, 권사)를 세우는 절차가 까다로운 이유는 무엇일까요?

○○교회 당회는 이번에 장로 ○명을 세우려고 하지만 이를 결정하는 당회원의 얼굴은 그렇게 밝지 않습니다. 왜 그런 것일까요? 절차가 까다롭기 때문입니다. 노회의 허락과 공동의회의 선출, 당회가 시행하는 교육, 노회가 주관하는 시험 등 임직까지 1년이라는 시간이 걸릴 뿐 아니라, 공

동의회에서 선출과정이 또한 까다로워서 한 명도 선출하지 못할 수도 있기 때문입니다.

도대체 교회 헌법이 장로선출에 대해 어떻게 규정하기에 까다로운 것일까요? 「교회정치」를 보면(4:35), 3장로는 노회의 허락 후에, 집사 권사는 당회 결의 후 1년 이내에 단회(單會) 실시하며, 모두 2/3 이상의 득표로 선출하도록 했기 때문입니다. 선출 시 1차 투표 결과 당선자 선출이 어려운 경우 득표순으로 적당한 인원의 후보자를 세워 2차 투표를 할 수는 있지만 이때 찬반 투표를 금하기 때문입니다. 게다가 선거 운동은 일절 금하며 정당한 이유 없이 6개월 이상 교회에 출석하지 아니한 교인은 선거권과 피선거권을 제한하기 때문입니다.

여기서 자연스럽게 의문이 생기지 않을 수 없습니다. 도대체 장로 집사 권사 선출과정이 왜 이렇게 까다로운 것일까요? 과연 이는 성경적으로 정당한 것일까요? 도대체 그 이유가 무엇일까요? 간단하게 그 이유에 대답하면 이는 직원으로 부르고 세우시는 분은 궁극적으로 교회의 머리인 그리스도라는 우리의 신앙고백 때문입니다. 바로 이 고백 때문에 가능하면 인위적인 요소는 배제하면서 그리스도의 주

권적인 부르심을 온 회중이 객관적으로 지켜보고 확인하려다 보니 절차가 까다로워지게 되었습니다.

성경에 나오는 직원들은 하나님의 소명을 받고 나서야 비로소 하나님의 백성을 위해 봉사하였습니다. 모세와 이사야, 예레미야, 바울 등이 그러합니다. '이 존귀는 아무도 스스로 취하지 못하고 오직 아론과 같이 하나님의 부르심을 받은 자라야 할 것이니라'(히브리서 5:4).

그렇다면 회중은 직원을 세우시는 하나님의 소명을 어떻게 확인할 수 있을까요? 하나님의 소명에는 내적 소명과 외적 소명으로 구분할 수 있는데, 내적 소명은 말 그대로 그 소명의 성질이 내적인 것이어서 하나님과 부름 받는 자 사이의 내밀한 관계를 가리킵니다. 그래서 이에 대해 우리가 이러쿵저러쿵 논하는 것은 불가능합니다. 다만 여기서 논의하는 것은 회중이 함께 볼 수 있고 확인할 수 있는 것은 외적 소명입니다. 이 외적 소명은 다음을 통하여 알 수 있습니다.

첫째, 회중에 의한 적법한 선출과 청빙이 있는가? 둘째, 치리회가 주관하여 시행하는 시험을 통과하였는가? 셋째, 임직 시에 진실한 서약과 합당한 안수가 있었는가?

직원의 소명을 확인할 때 특히 회중에 의한 적법한 선출과 청빙이 중요합니다. 직분자는 교인의 대표가 아니며 교인으로부터 벗어난 자도 아니며 당회의 종도 아니기 때문입니다. 오직 주님께 책임을 져야 할 자이기 때문입니다. 돈을 주고 직분을 산 것이 아니라는 확신이 있어야 합니다. 왜냐하면 바울은 '사람들에게서 난 것도 아니요 사람으로 말미암은 것도 아니요 오직 예수 그리스도와…하나님 아버지로 말미암아' 사도가 되었다고 말하기 때문입니다(갈 1:1). 이런 뜻에서 가룟 유다를 대신하여 다른 한 사람을 세울 때도 감히 한 사람을 거명하지 못하고 두 사람을 천거하여 그 둘 중에 누가 사도가 되어야 할지를 주께서 제비를 통해서 선언하시도록 하였습니다(행 1:23-26). 이 말씀은 목사뿐 아니라 장로와 집사, 권사에게도 해당됩니다. 누구도 하나님의 부름을 받지 않고서는 그 직무를 정당하게 수행할 수 없습니다. 목사뿐 아니라 모든 직원은 회중의 적법한 선출을 통해 청빙을 받아야 합니다.

그래서 종교개혁 당시 「스코틀랜드 제2권징서」(1578)는 다음과 같이 고백했습니다. '이러한 통상적이면서 외적인 소명은 두 부분으로 이루어진다. 선출과 임직'(3:6).

또 「네덜란드 신앙고백서」(1561)는 다음과 같이 고백합니다. '우리는 하나님 말씀의 사역자와 장로, 집사는 교회를 통한 합법적인 방법으로 즉 하나님의 이름을 부르면서 하나님의 말씀이 가르치는 대로 적절한 절차를 따라 선출돼야 할 것을 믿는다. 그래서 허용되지 않은 방법으로 임직하는 것을 적절히 감시해야 하며, 또 자기의 부름이 하나님으로부터 온다는 설득력 있는 증거를 얻기 위해 하나님으로부터 부름 받는 때를 기다려야 한다'(제31조 교회의 직분들).

이제 우리 자신을 돌아봅시다. 과연 직원을 부르시는 하나님의 소명에 마음을 두고 있습니까?

장로교회에서 교회는 도대체 어떤 곳일까요?

흔히 교회를 하나님의 백성, 그리스도의 몸, 성령의 전 등으로 정의하고, 또 교회의 속성 등을 언급합니다. 그런데 장로회 정치원리에서 볼 때 교회는 도대체 어떤 곳일까요?

스코틀랜드 장로교회 개혁에 틀을 제시한 「스코틀랜드 제2권징서」(1578)는 교회를 세 가지로 정의하였습니다(1:1-4). 첫째, 그리스도의 복음을 고백하는 자들의 교제와 모임으로서, 위선자도 포함되는 지역교회(개체교회)입니다. 둘째, 오직 택함을 받은 자들로 구성된 무형(無形)교회입니다. 셋째, 회중 가운데서 영적인 기능을 행사하는 자들, 곧 치리회입니다.

여기서 주목할 것은 세 번째 정의로서 교회를 회중 가운데서 영적 기능을 행사하는 치리회로 본다는 점입니다. 이는 특히 마태복음 18:15-17에 근거를 두고 있습니다. '네 형제가 죄를 범하거든 가서 너와 그 사람과만 상대하여 권고하라 만일 들으면 네가 네 형제를 얻은 것이요 만일 듣지 않거든 한두 사람을 데리고 가서 두세 증인의 입으로 말마다 확증하게 하라 만일 그들의 말도 듣지 않거든 교회에 말하고 교회의 말도 듣지 않거든 이방인과 세리와 같이 여기라.' 여기에 '교회'라는 말이 나오는데 이 교회를 「스코틀랜드 제2권징서」는 치리회로 보았고, 개혁주의신앙고백서인 「하이델베르크 교리문답」(1563) 제85문답 역시 마찬가지입니다.

바로 이를 토대로 장로교회는 치리회가 있는 교회를 가리켜서 조직교회(an organized church)라 하고, 치리회가 없는 교회를 가리켜서 미조직교회(an imperfectly-organized church)라고 합니다. 즉 당회가 조직되어야 진정한 의미에서 교회가 된다는 뜻입니다.

물론 다른 교회 정치체제를 가진 교회들은 마태복음 18장에 나오는 '교회'를 '치리회'로 보지 않고 우리와 다르게 해석합니다. 로마천주교가 대표적인 감독교회는 이 교회를 '성직자 혹은 성직자들의 회'로, 회중교회는 '교인들'로 봅니다.

여기서 의문이 듭니다. 도대체 치리회인 당회가 무엇이기에 장로교회가 이 여부에 의해 교회를 정의하는 것일까요? 당회를 통한 영적 치리의 기능이 교회에 있을 때 비로소 완전한 교회, 조직교회라고 부르는 것은 교회는 설교와 성례가 있는 곳이며 동시에 권징(勸懲, discipline)이 있는 곳이기 때문입니다. 권징이 필요한 것은 설교와 성례를 통해 바른 교리를 교회에서 지키기 위해서입니다. 그리스도는 자기의 말씀과 성령을 통하여 자기의 영적 권세를 교회에 시행하시며 이로써 교회를 치리(治理)하십니다. 특별히 그리스도는 목사의 설교와 당회의 권징을 통해 교회에 임재하시며 자기의 치리를 나타내십니다. 따라서 교회란 신자들이 자의로 모이는 곳 이상으로 믿음의 교제가 시행되는 회중이라 할 수 있습니다. 그리고 이 교제는 그리스도의 이름을 고백하고 치리회의 권징에 복종하는 약속을 통해 가입하는 성도의 교제입니다. 여기에 천국을 매고 푸는 권세의 약속이 주어졌습니다(마태복음 16, 18장).

그래서 예장 고신의 「교회정치」는 개체교회를 정의할 때 이를 염두에 두었습니다. '예수를 믿는다고 고백하는 자들과 그 언약의 자녀들이 일정한 장소에서 그 원대로 합심하여 하나님을 경배하며…성경에 교훈한 대로 제정된 교회정치에 복종하고 공동예배로 회집하면 이를 개체교회라 한다'(제12조). 그리고 누구든지 세례를 받고 입교함으로 교회에 가입할 때 서약에서 다음을 반드시 약속해야 합니다. '여러분은 이제부터 교회의 관할과 치리에 복종하고 (교회의) 성결과 화평을 이루도록 노력하기로 작정합니까?'

그렇다면 당회라는 치리회는 어떻게 구성되는 것일까요? 교회정치 제113조는 세례교인(입교인) 30명 이상과 시무장로 1인 이상이 있어야 한다고 규정합니다. 여기서 중요한 것은 '장로'직입니다. 주님은 교회에 장로를 세워 목사와 함께 치리회를 구성하여 영적 치리, 특히 권징이라는 영적 기능을 하게 하셨습니다. 따라서 교회를 개척하여 설립할 때 세례교인이 30명 이상이 되면 집사나 권사보다 장로를 먼저 세워 당회를 조직하고 당회를 통해 영적 기능이 행사될 수 있도록 해야 합니다. 이 점에서 특별한 사정이 없는 한 집사와 권사의 선택과 임직은 당회가 있는 조직교회만이 할 수 있다(「교회정치」제36조)고 한 것을 이해할 수 있습니다.

이제 다음 질문을 해봅시다. '우리 교회는 치리회인 당회를 통해 교인들에게 그리스도의 신령한 치리가 나타나며 또 거기에 교인들이 순종하는 진정한 교회, 장로교회인가?'

장로교회에서 교인(敎人)은 도대체 누구입니까?

신자를 어떻게 정의할 수 있을까요? 삼위일체 하나님을 믿는 자로 그리스도인이라 칭할 수 있을 것입니다. 그런데 그가 왜 또 '교인'이라 불리는 것일까요? 도대체 '교인'은 누구일까요? 간단하게 말해 교인은 일차적으로 유형(有形)교회인 개체교회(지역교회)에 소속한 자라는 뜻을 갖고 있습니다. 장로교회는 장로회 정치원리에 비추어서 세례교인(입교인)을 통상적으로 교인이라 부르며 교회의 정회원으로 여깁니다. 왜 그러할까요?

「교회정치」는 다음과 같이 교인을 구분합니다. 즉 원입인, 학습인, 유아세례교인, 세례교인(입교인)입니다. 원입인은 예수를 믿기로 하고 공예배에 참석하는 자이고, 학습인은 원입인으로 6개월 이상 공예배에 참석하여 신앙을 고백하고 학습을 받은 자이며, 유아세례교인은 유아 때에 언약의 자녀로서 세례를 받고 아직 공적인 신앙고백을 하지 않은 자이며(입교서약까지 교인의 권리를 행사하지 못합니다), 마지막으로 학습인으로 세례서약을 하고 세례를 받은 세례교인과 유아세례교인으로서 입교서약을 한 자가 있습니다. 바로 이 세례교인(입교인)이 교회의 정회원이며 정식 교인입니다.

그 이유가 무엇일까요? 세례교인(입교인)이 하는 다음 서약에서 그 이유를 알 수 있습니다. '여러분은 이제부터 교회의 관할과 치리에 복종하고 (교회의) 성결과 화평을 이루도록 노력하기로 작정합니까?' 이 서약은 학습식이나 유아세례식에는 볼 수 없습니다. 교인이 되려는 자는 교회의 관할과 치리에 복종하고 교회 성결과 화평을 이루도록 노력하겠다는 서약을 통해 비로소 교회의 교인이 되기 때문입니다.

그런데 교인이 되면 어떤 권리가 주어지는 것일까요? 첫째, 성찬에 참여할 권리입니다. 둘째, 공동의회 회원으로서 교회 예결산, 교회 기본재산 취득과 처분, 목사 청빙 및 직원선거와 청빙에 관여함으로 하나님의 소명을 이루는 데 기여할 수 있습니다. 셋째, 직원선거 시 선거권은 물론 정하는 법규에 따라 피선거권을 가집니다. 넷째, 모든 청구권, 영적보호를 받을 권리와 다섯째, 치리회의 결정에 이의를 제기할 권리와 상회에 상소(上訴)할 권리가 있습니다.

이러한 교인의 권리는 장로회 정치의 특성이며 양심의 자유가 이를 잘 보여주고 있습니다. 본래 이는 종교개혁 당시 이신칭의와 만인제사장 복음을 재발견하면서 개혁가들에 의해 선언된 권리로서 온 유럽을 잠에서 깨우는 역할을 하였습니다. 이전까지 신자는 교직 제도 안에서 믿음과 행위의 문제에 소극적이었으나 이제 그리스도 안에서 가지는 자유와 권리가 존중을 받게 되었고, 이로써 개신교 국가에서는 교회 독재가 종식되기에 이르렀습니다.

그런데 이러한 교인의 권리를 세례(입교) 여부 외에 다른 것으로 제한할 수 있을까요? 교인의 지위와 권리가 언제 상실되는 것일까요? 사망이나 출교, 이명(移名)의 경우 외에는 가능하지 않습니다. 물론 6개월 이상 본 교회 공예배에 무단으로 참석하지 않는다면 교인의 권리가 상실됩니다. 그런데 이 외에 다른 것으로 교인의 권리를 제한한다면 이는 그리스도의 공교회에 대해 도전하는 것이며 교회의 연합을 막는 것이라 할 수 있습니다.

따라서 교인은 그 지위와 권리를 소중히 여길 수 있어야 합니다. 학업, 병역, 직업 기타 사유로 인하여 6개월 이상 개체교회를 떠날 때는 소속 당회에 이를 신고해야 합니다. 또 교인은 그 의무를 다해야 합니다. 공적 예배 참여는 물론 헌금과 전도, 봉사와 교회치리에 복종할 의무를 지닙니다. 심지어 자녀들로 세례를 받게 하고 교회의 보호 아래 두어 정치와 권징에 복종하도록 양육해야 하며, 자녀가 성장하면 교회의 모든 의무를 이행하도록 관리하여야 합니다(「권징조례」 1:7).

우리 믿음의 선진들은 일찍이 이러한 교인의 지위, 권리와 의무를 소중하게 여겼습니다. 당회는 교인의 형편을 자세히 돌아보며 매년 노회와 총회에 이를 보고하였습니다. 일제 강점기 조선예수교장로회 시절 총회회의록 말미에는 다음처럼 보고 항목이 실렸습니다. 세례받아 입교한 자, 입교한 자 중에 성찬에 참여한 자, 이명증서로 받은 입교인, 해벌한 입교인, 금년에 성찬참여하는 중 제명한 자, 별세한 교인, 이명증서로 이거한 입교인, 책벌한 교인, 출교한 교인, 성찬에 참여하는 세례인, 의무잃은 교인, 세례받은 자, 세례받은 유아, 유아세례받은 자 중 별세한 자, 학습인, 원입인, 주일 평균 회집 수 등입니다.

여기서 특히 '의무잃은 교인'이 눈에 띕니다. 이들은 교인의 의무를 다하지 못한 자로서 실종 교인을 가리킵니다. 이모든 것은 무엇을 말하는 것일까요? 교인의 지위와 권리, 의무를 소중히 여겼다는 증거가 아니고 무엇이겠습니까?

종교개혁500년을 보내면서 교인의 지위를 소중히 여기는 계기가 되기를 바랍니다.

세상 법(法)과 교회법(法)은
근본적으로 무엇이 다를까요?

'교회정치'와 유사한 용어들이 있습니다. 즉 '교회질서', '교회법' 등입니다. 한국교회 초창기는 '규칙'이란 명칭을 사용했습니다. 그런데 이 용어들이 과연 타당한 것일까요? 법, 질서 등의 용어는 권위와 순종을 전제하기에 민주주의 시대에는 맞지 않는 것이 아닐까요? 교회는 법이나 질서보다 은혜와 사랑이 지배되어야 하지 않을까요? 이 용어는 당회와 같은 치리회의 권위를 변호하기 위해 있고 오히려 세상에 어울리는 것이 아닐까요? 이 같이 사람들은 이러한 용어에 강하게 반발하면서 이는 종교개혁 당시 16세기 것이라고 이의를 제기하며 이 시대에는 더 이상 의미가 없다고 주장합니다. 그런데 세상의 법은 역사나 문화의 요청에 따라 그 개념이 변천하지만 교회의 법은 시대 변천에 상관없이 성경에 일치해야 합니다.

예를 들어 '교회법'이라는 용어를 살펴봅시다. 이 용어는 '교회'라는 말과 '법'이라는 말의 합성어입니다. 많은 사람이 이 합성을 모순이라고 여겼습니다. 독일의 법학자이면서 교회법학자인 루돌프 쉼(1841–1917)이 대표적 인물입니다. 그가 이 어울리지 않는 합성을 비판하는 이유는 교회의 본질은 영적인 것이나 법의 본질은 세상적인 것이기에 법은 교회의 본질과 근본적으로 상충한다는 점 때문이었습니다. 그래서 법은 본래 역사에서 교회가 부패하면서 서서히 들어오게 되었다고 주장합니다. 그런데 과연 그러할까요? 그가 주장하는 것처럼 교회의 법과 질서는 16세기 개혁가들의 사상과 달리 성경적이지 않고 교회의 부패로 인하여 나중에 도입된 것이며 현시대에 뒤떨어진 것일까요? 아닙니다. 그렇지 않습니다. 이는 '법'이라는 말을 잘못 이해한 데서 온 오해입니다.

'교회법'이라고 할 때 여기서 '법'은 법 이전에 '권리'를 가리키는데 특히 법적 관계, 법적 질서에서 신자라면 누구나 누릴 권리를 보장하고 있습니다. 왜냐하면 이 '법'(권리)은 그리스도께서 십자가에서 이루신 '의'(義)라는 '특별 은혜'에서 나온 '법'(권리)이기 때문입니다. 그래서 교회의 모든 법은 모든 신자가 그리스도 안에서 의(義)의 은혜를 받은 의인으로서 보장받아야 할 권리, 은혜로 회복된 의와 화평의 권리를 지키기 위해 있는 것이라 할 수 있습니다. 로마서 5장 1절은 다음과 같이 이 권리를 선언하고 있습니다. '그러므로 우리가 믿음으로 의롭다 하심을 받았으니 우리 주 예수 그리스도로 말미암아 하나님과 화평을 누리자.' 이신칭의의 은혜에서 출발하여 그리스도 안에서 하나님과 화평을 누리고 또 이웃과 화평을 누릴 수 있는 신자의 권리는 그 무엇, 심지어 그의 범죄에 의해서도 박탈당할 수 없습니다. 고린도전서 14:33에서 보는 것처럼 하나님은 질서를 통해 화평을 이루시는 '화평의 하나님'이십니다.

이 점에서 세상 법과 교회법은 극명하게 대비됩니다. 즉 세상의 법과 질서도 '의'(정의)를 말하면서 정죄와 형벌을 목표로 하지만 교회의 법은 모든 신자가 그리스도 안에서 의와 화평을 누리게 하는 목표를 가지기 때문입니다. 따라서

제4장 장로회 정치가 꿈꾸는 교회

교회법은 법이나 규정, 시벌(施罰)을 넘어 회개와 용서, 화평이 그 목적이 되어야 합니다. 교회법의 이런 목적은 목사가 강단에서 전하는 화평의 복음과 다르지 않습니다. 그래서 당회는 결코 이혼을 권할 수 없습니다. 도리어 화평과 희생과 자기 부인을 권면해야 합니다.

따라서 모든 교회법을 해석하고 적용하는 최종 목적은 화평에 있습니다. 시벌의 목적도 회개하여 용서받고 다시 그리스도 안에서 하나님은 물론 이웃과 화평할 권리를 회복하는 것입니다. 범죄한 자를 고소(고발)할 때에 먼저 '권고'에서 시작하는 것도 바로 이 목적 때문입니다. 그래서 「권징조례」 제53조는 고소 및 고발의 형식을 다루면서 '피해로 인해 고소하고자 하면 마태복음 18:15−17의 교훈대로 권고 해보았다는 진술서를 제출해야 한다'고 하고, 일반에 공개되지 아니한 경미한 범죄자에 대한 시벌은 은밀하게 하고 교회 앞에 공포하지 않을 수 있게 하였으며(「예배지침」 제40조), 치리회의 각 단계를 밟아서 상회에 상소하도록 하였습니다.

교회에 있는 모든 직원의 봉사 역시 바로 이 목적, 믿음으로 의롭게 되는 은혜를 입은 모든 신자가 하나님과 화평을 누릴 수 있는 권리를 보장하는 것이 되어야 합니다. 목사의 설교와 성례 시행, 나아가 장로의 다스림과 심방, 집사의 구제가 모두 이 목적을 위해 있으며, 노회의 시찰(視察) 역시 회중이 누려야 할 화평의 권리를 위해 존재합니다.

따라서 세상 법과 교회법은 그 본질과 목적이 크게 다르다고 할 수 있습니다. 그렇다면 오늘 우리 교회법은 모든 신자가 그리스도 안에서 은혜로 선사 받은 화평의 권리를 보장하는 목적을 위해 제대로 사용되고 있는지를 돌아보아야 할 것입니다.

도대체 왜 명예권사(장로, 집사)를 세울 수 없습니까?

간혹 명예권사, 명예집사를 세우는 경우가 있습니다. 연령이 되었으나 회중의 선출을 얻지 못하여 권사(집사)가 되지 못한 분의 체면을 살리기 위해 그렇게 합니다. 이에 대해 제32회 총회(1982년)는 공로장로와 함께 명예권사가 헌법정신과 위배됨을 확인한 바 있고 제56회 총회(2006)에서 이를 재확인하였으며 마침내 2011년에 개정된 교회정치 36조 2항은 '집사와 권사에 대한 명예직은 성경과 헌법정신에 의거 세울 수 없다'고 규정하였습니다. 그런데 도대체 그 이유가 무엇일까요? 왜 명예 직원을 금하는 것일까요?

첫째, 성경은 모든 교회가 항상 신실하게 시행해야 할 공적 직무 혹은 공적 사역이 있고, 여기서 해당하는 직분이 나오고, 그리고 그 직무에 적합한 은사와 능력을 받은 특정한 사람이 그 직분으로 부름을 받는 것을 순서로 제시하기 때문입니다. 즉 성경은 '교회의 공적 직무→직분→사람'의 순서를 말하고 있습니다.

그런데 교회가 신실하게 시행해야 할 공적 직무는 어떤 것입니까? 개혁가 앤드류 멜빌이 작성한 『스코틀랜드 제2권징서』(1578년)는 교회의 공적 직무를 교리(doctrine), 권징(discipline), 구제(distribution)로 규정했습니다. 여기서 교리는 설교와 성례(성찬, 세례)와 연관됩니다. 바로 이 공적 직무에서 목사 장로 집사 직분이 나오며, 이를 위해 부름받은 자들은 모두 교회의 사역자라고 하였습니다.

종교개혁 당시 교회정치에 큰 영향을 끼친 개혁가 요한 아 라스코 역시 독일의 엠든, 영국 런던 등에서 사역할 때 교회의 4대 공적 사역 즉 설교와 성례시행, 구제, 권징을 제시하고 또 이를 신실하게 시행하기 위해 네 종류의 직원을 말하였습니다.

이러한 정신에 따라 「웨스트민스터 교회정치」(1645)는 목사, 장로, 집사를 가리켜서 '통상적이고 영구한'(ordinary and perpetual) 직분이라고 하였습니다. 바로 여기서 '항존(恒存) 직원'이라는 말이 나왔습니다. 따라서 설교, 성례, 권징, 구제는 교회라면 언제나 갖추어야 할 공적 직무이자 공적 사역이면서 또 통상적이고 영구한 직무입니다. 이 같이 교회 직원을 교회에 항존하는 기능을 따라 구분하고, 그리고 직분을 가진 자가 자기 직분에 고유한 직무에 전적으로 헌신하도록 한 것은 종교개혁의 유산이라고 할 수 있습니다. 이 점에 비추어 볼 때 명예권사(집사)는 공적 직무나 사역과 상관없이 명예를 위해 직분만 가진 것이기에 이는 결코 성경적이 아니며, 나아가 종교개혁 정신과 교회정치에 역행하는 것이라 할 수 있습니다. 성경은 사람보다 직분이, 직분보다 교회의 공적 직무가 우선이라고 말하기 때문입니다.

둘째, 모든 직분은 봉사이기 때문입니다. 모든 봉사가 반드시 직분으로 이어지는 것은 아니지만 그러나 모든 직분은 반드시 봉사가 목적이어야 합니다. 왜냐면 참 직분자 그리스도께서 친히 봉사의 길을 걸었기 때문입니다. 따라서 봉사가 아닌 명예를 위해 직분을 세우는 것은 그리스도의 길

107
제4장 장로회 정치가 꿈꾸는 교회

이 아닙니다.

그런데 명예권사, 공로장로보다 더 무서운 것은 비록 교회의 공적 직무를 위해 그 직분을 가졌다 할지라도 그 직무를 신실하게 행하지 않음으로 실제로는 직분이 이미 명예화된 경우라고 말할 수 있습니다. 이러한 직분의 명예화는 역사적으로 한국교회가 국가주의에 굴복하고 마침내 1938년 제27회 조선예수교장로회 총회가 신사참배를 공식적으로 가결하는 중요한 배경이 됩니다. 『국가주의에 굴복한 1930년대 조선예수교장로회의 역사』에서 박용권 박사는 당시 1930년대 교회는 이미 1920년대부터 영적으로 썩어 있어서 신사참배를 통한 국가주의 요구에 저항할 수 있는 능력을 잃어버린 상태였다고 하였습니다. 또 당시 장로교회의 성찬 참여 교인 중 약 1/4이 교회 직분을 가지고 있었으며, 이들 모두가 일하기 위해서 직분을 맡은 것이 아니라 직분 자체가 중요하고, 교회의 사명보다는 교회의 직분이 앞서는 일이 이미 30년대를 전후로 생겨났다고 하였습니다. 1930년대 교회는 직분이 봉사가 아니라 명예직이 되어버린 예를 수없이 찾을 수 있는데, 교회 직원들이 기념식을 하느라 바쁘게 지냈다고 하였습니다. 장로 20주년, 30주년 근속을 기념하는 일이 많았으며 이를 계기로 기념비를 세우고 기념예배당까지 세웠다고 하였습니다.

종교개혁 500년을 보내는 지금 우리는 어떠합니까? 직분의 명예화가 우리에게는 없을까요? 직분의 명예화가 결국 신사참배 가결에 이르게 된 지난 역사의 교훈을 결코 잊어서는 안 될 것입니다. 이 점에서 우리가 진정으로 신사참배에 대항한 순교 정신을 잇는 후예가 되려고 한다면 이 시대에 직분의 명예화를 가장 무서운 적으로 여기며 이를 경계해야 할 것입니다.

'치리(治理)한다'는 말은 도대체 무슨 뜻일까요?

우리가 오해하는 용어 중에 '치리한다' '치리 받았다'는 말이 있습니다. '시벌(施罰)한다' 혹은 '시벌(施罰)을 받았다'는 뜻에서 사용하고 있습니다. 그런데 '치리'를 '시벌'로 이해하는 것이 과연 옳은 것일까요? '치리한다'는 말은 도대체 무슨 뜻일까요? 교회정치 제39조(목사의 의의)는 목사를 '양 무리의 모범이 되고 그리스도의 집과 그 나라를 치리하는 자이므로 장로라 한다'고 하는데, 이 조항에 따르면 목사는 장로와 함께 '치리하는 자'라 불립니다. 무슨 뜻에서 이들이

'치리하는 자'일까요? 또 당회 노회 총회를 '치리회'라 부르는 것은 도대체 무슨 뜻에서일까요?

치리한다는 말은 문자 그대로 통치한다, 다스린다는 뜻입니다. 그래서 치리는 본래 왕이나 최고 통치자가 하는 행위이며, 따라서 왕정 시대에서 치리하는 자는 곧 왕이라 할 수 있습니다. 다음 성경의 예를 보십시오. '···왕들이 치리하며 방백들이 공의를 세우며'(잠 8:15). 따라서 '치리'라는 말을 교회에서 사용할 때는 오직 그리스도만이 하나님 나라의 왕이시며 교회의 머리라는 사상이 그 기저에 있습니다. 사실 하나님 나라는 성경에서 중요한 주제 중 하나입니다. 구약성경은 비록 이 용어를 사용하지 않지만 하나님을 언약적 관계에서 자기 백성을 '다스리는'(치리하는) 분으로 계시하고 있습니다. 신약성경도 동일한 사상을 볼 수 있는데, 즉 하나님 나라는 '하나님의 다스림'에 대한 것으로써 '하나님의 다스림' 혹은 '하나님의 통치' '하나님의 치리'가 하나님 나라 백성인 교회를 구성하는 중요한 부분이라고 말하고 있습니다.

그렇다면 하나님 나라의 왕이요 교회의 머리이신 그리스도께서 어떻게 자기 교회를 치리하시는 것일까요? 자기 대신 교회에 직원을 세워서 그들의 손에 치리를 맡기셨고(「웨스트민스터 신앙고백서」 제30장 제1조), 바로 이들이 말씀을 수단으로 자기 백성을 치리하게 하셨습니다.

따라서 다스리는 자, 치리, 교회정치와 같은 용어는 교회 직원을 통해 지금도 교회에서 그리스도의 치리가 계속 된다는 의미를 가지고 있고, 교회정치는 곧 하나님 나라 사상과 그리스도를 유일하고 참된 왕으로 인정하는 신앙고백과 깊은 관련이 있습니다. 이 같이 교회의 모든 법조항과 질서는 자기 교회를 향한 그리스도의 치리에서 비롯된 것이기에 교회정치를 법조문에 관한 것으로만 여기거나 치리를 시벌에 국한시키는 것은 아주 잘못된 것이라 할 수 있습니다.

그렇다면 그리스도의 치리가 직원들의 어떤 직무를 통해 개체교회에서 나타나는 것일까요? 이에 대해 「스코틀랜드 제2권징서」(1578)는 교회의 치리는 교리(설교와 성례를 통한), 권징, 구제라는 3대 공적 직무로 이루어진다고 고백하였습니다. 그 가운데 하나가 바로 권징(勸懲)입니다.

그런데 이 권징마저도 시벌과 동일시할 수 없습니다. 『헌법주석』에서 박윤선 박사가 이 점에 대해 분명히 밝혔습니다.

"개혁교회는 권징을 벌과 동일시하지 않는다. 교회의 치리 행위에 대하여 '권징한다'는 말(헬라어, 파이듀오)이 사용되었는데, 그것은 신약에서 주로 '교훈' '훈련' '교정' '양육' 등의 의미를 가졌고, '벌한다'는 의미로 쓰인 예는 매우 드물다. 사실상 기독교의 권징은 교훈과 교정과 훈련 등을 그 주요 목적으로 한다. 그러므로 이 일은 사랑의 원리로 시행되는 것이다."

즉 시벌은 권징의 일부에 불과하며 권징 자체는 결코 시벌과 같지 않습니다.

치리회의 모든 직무는 모두 그리스도의 치리를 대신하는 것으로서 하나님의 나라와 그 나라의 왕이신 그리스도를 증거하며, 또 그리스도가 주신 천국의 열쇠를 가지고 말씀과 권징으로 천국의 문을 열기도 하고 닫기도 하는 것이기에 치리를 결코 행정이나 시벌로 격하시키거나 대체할 수 없습니다. 또 치리회가 그리스도의 치리를 대신하는 것이라면 치리회의 정당한 치리를 배척하는 것은 곧 그리스도를 배척하는 것임을 알고 교인은 치리회의 정당한 신적 권위에 마땅히 순종해야 합니다.

물론 치리회의 결정이 성경처럼 신자에게 믿음과 생활의 법칙이 될 수는 없습니다. 치리회는 항상 오류를 범할 수 있기 때문입니다. 심지어 죄인을 벌하거나 진리를 매장하는 타락한 치리회가 교회사에서 많이 있은 것을 기억해야 합니다. 그러므로 신자는 치리회에 대해 맹종할 것이 아니라 비판적으로 순종해야 합니다.

목사청빙공고, 과연 바람직한 것일까요?

교계신문에 실리는 목사청빙공고가 처음에는 낯설고 이상하더니 어느새 익숙하고 당연한 것이 되었습니다. 농촌에 있는 미자립 교회도 공고를 내기만 하면 수십 명 이상의 목사들이 지원하고 있습니다. 그렇게 해서 들어온 지원서는 서류심사를 통해 1차 압축되고, 설교 혹은 면접을 통해 최종 압축하여 공동의회 투표를 거쳐 결정하는 형식을 취하고 있습니다. 청빙광고 내용도 단순히 청빙 사실만을 공지하는 것에 그치지 않고, 연령이나 일정한 자격조건을 요구하고 있습니다. 물론 이 모든 것은 해당 교회가 좋은 목사를 청빙하기 위한 선한 의도에서 나왔을 것입니다. 그럼에도 관행이 된 목사청빙광고, 과연 성경적이고 교회에 유익하며 바람직한 것일까요? 적어도 두 가지 문제점을 꼽을 수 있습니다.

첫째, 교회의 머리이신 그리스도께서 자기 교회를 위해 직원을 부르시는 소명 사상을 심각하게 훼손하고 있습니다. 소명은 교회직원으로 봉사하는데 절대적인 조건입니다.

"이 존귀는 아무도 스스로 취하지 못하고 오직 아론과 같이 하나님의 부르심을 받은 자라야 할 것이니라"(히 5:4).

성경에 나오는 직원들은 항상 하나님의 소명을 받아서 회중을 섬겼습니다. 모세와 이사야, 예레미야, 바울 등을 생각하십시오. 종교개혁 당시 고백을 보십시오.

"소명 혹은 부르심은 교회에서 직분을 가지는 모든 사람에게 공통적인 것이며, 하나님의 교회 내에서 자격을 가진 사람이 신령한 직분을 위해 가져야 할 합법적인 방법입니다. 이러한 합법적인 소명이 없이는 어느 누구도 어떠한 교회적인 기능과 직분에 결코 관여할 수 없습니다"(「스코틀랜드 제2권징서」 3:1-2)

개혁가 칼뱅의 주장을 보십시오(『기독교 강요』 4:3:10).

"어떤 사람이 교회의 참된 사역자로 인정받을 때는 먼저 정당하게 소명을 받은 상태여야 하며(히 5:4), 그리고 그의 소명에 응답하여야 합니다. 우리는 바울에게서 이 점을 자주 볼 수 있습니다. 그는 자기의 사도직을 밝힐 때 거의 언제나 자기의 소명을 말하며 또한 그와 더불어 그가 자기의 직분을 신실하게 수행하였음을 밝히는 것입니다(롬 1:1; 고전 1:1). 그렇게 그리스도의 위대한 사역자인 바울도 감히 스스로 교회 안에서 자기의 권위를 주장하지 않는다면, 또한 권위를 주장할 때에도 오직 주의 명령으로 자기가 그 직분을 받았으며, 또한 자기에게 맡겨진 사명을 신실하게 수행하고 있다는 근거 위에서만 그렇게 한다면, 그런 것도 없는 죽을 인생이 자기 마음대로 이런 존귀한 권위를 주장한다면 얼마나 파렴치한 것이겠는가?"

그렇다면 하나님의 소명을 우리가 어떻게 확인할 수 있습니까? 가장 중요한 것이 회중의 합법적인 선출과 청빙(請聘)입니다. 그런데 바로 이 점이 청빙공고에서 상당히 훼손되어 있습니다. 즉 목사청빙공고의 문제는 청빙을 받는 대상인 목사가 자기의 소명이 하나님으로 온다는 것을 확신할 때까지 겸손하게 그때를 기다리도록 하지 않고 역으로 목사가 나서서 적극적으로 교회를 찾고 지원하도록 만들고 있다는 것과 말 그대로 '청빙'하는 것이 아니라 마치 기업이 직원을 채용하는 식으로 교회가 목사를 채용한다는 인상을 주기 때문입니다. 즉 목사청빙이 진행되는 방식에서 실제로는 청빙이 아니라 채용(고용)에 더 가깝기 때문입니다.

이는 다음의 신앙고백에 나타난 종교개혁 정신과 정면으로 상치됩니다. '또 자기의 부름이 하나님으로부터 온다는 설득력 있는 증거를 얻기 위해서 하나님으로부터 부름받는 때를 기다려야 합니다'(「네덜란드 신앙고백서」, 1561). 비록 당회 심사와 공동의회 선출을 거치면서 나름대로 하나님의 부르심을 확인한다고 하지만 여기에 하나님의 부르심 사상이 근본적으로 희미합니다.

둘째, 목사초빙공고가 청빙이 아니라 채용에 가깝다는 인상을 주는 것은 목사의 자격을 부당하게 제한하고 있다는 점 때문입니다. 나이는 물론 학력 및 학위, 외국어 구사 능력 등으로 자격을 제한하고 나아가 목사 부인에게도 일정한 조건을 요구하기도 합니다. 이러한 자격 제한은 공무원이나 기업의 채용에서는 생각할 수 없는 일입니다.

목사나 교회나 함께 하나님의 부르심을 염두에 두고 주

의 뜻을 물으며 설득력 있는 증거를 얻으려 하고, 또 하나님이 부르시는 때를 기다리는 믿음이 우리 모두에게 필요한 때입니다. 그런데 이 문제는 목사뿐 아니라 모든 직원에 해당됩니다. 직원선거에서 하나님의 부르심을 따라서 교회가 직원을 '청빙'함으로 주 안에서 직분을 받는다는 자세보다는 오히려 쟁탈하듯이 혈안이 되어 있는 경우를 심심찮게 볼 수 있기 때문입니다. 하나님의 소명 신앙을 교회에서 시급하게 회복해야 합니다.

Q. 장로회 정치가 왜 성경에 가까운지를 서로 이야기해 봅시다.

Q. 교회에서 왜 명예 직원을 세울 수 없는지에 대해 서로 이야기해
봅시다.

Q. 장로회 정치에서 '교회'와 '교인'에 대해 내리는 정의에 어떻게
생각하십니까?

Q. 목사청빙공고의 문제점을 성경의 원리와 종교개혁의 정신에
비추어 토론해 보십시오.

나가며

　지금까지 500년 전 종교개혁을 되돌아보며 특별히 그들이 작성하고 시행한 「교회정치」를 통해 개혁가들과 그들의 교회가 어떤 회복을 꿈꾸었으며, 어떤 교회를 꿈꾸었는지를 살폈습니다. 그들은 자기들의 신앙고백에서 출발하여, 교회에 대한 고백으로 나아갔고, 그리고 그리스도가 세우려는 교회에 대한 청사진을 교회정치를 통해 표현하였습니다. 그래서 「교회정치」를 작성하고 이를 시행하였습니다.

　이제 우리가 대답할 차례입니다. 우리는 어떤 신앙고백으로 어떤 교회를 꿈꾸고 있습니까? 우리가 작성하고 시행하는 「교회정치」를 통해 우리가 지금 어떤 교회를 기대하고 있으며 어떤 교회를 꿈꾸며 미래를 향해 나아가고 있는지를 냉정하게 성찰해야 합니다. 우리 헌법의 「교회정치」는 우리가 나아갈 교회의 청사진을 어떻게 그리고 있습니까?

500년 전 종교개혁가들과 그들의 교회처럼 이 시대에 교회를 영원한 반석이여 터인 그리스도 위에서 새롭게 건설한다는 심정으로 우리도 우리「교회정치」를 통해, 그리고 장로회 정치원리를 통해 하나님께서 기뻐하시는 교회, 성경적인 교회, 그리스도가 머리요 왕이 되는 교회를 꿈꿀 수 있겠습니까?

참고문헌

Bouwman, H., *Gereformeerd Kerkrecht I/II*, Kampen 1928.

Bronkhorst, A.J., *Schrift en kerkorde. Een bijdrage tot het onderzoek naar de mogelijkheid van een Schriftuurlijke Kerkorde*, Utrecht 1947. Diss.

Calvin, John, 『기독교 강요』(특히 제4권).

_____, 박건택 편역, 『칼뱅 작품선집』(III), 서울: 총신대학교출판부, 2009.

_____, "Articles Concerning the Organization of the Church and Worship at Zeneva(1537)." *Library of Christian Classics*, Vol. XXII, Westminster Press, Philadelphia, 1954.

_____, "Draft Ecclesiastical Ordonnances"(Geneva 1541). *Library of Christian Classics*, Vol. XXII, Westminster Press, Philadelphia, 1954.

De Moor, Henry, *Christian Reformed Church Order Commentary*, Grand Rapids 2010.

de Gier, K., *De Dordtse kerkorde. Een praktische verklaring*, Houten 1989.

Hall, D.W., & Hall, J.H. ed., *Paradigms in Polity: Classic Readings in Reformed and Presbyterian Church Government*, Grand Rapids 1994.

Hodge, J. Aspinwall, *What is Presbyterian Law as defined by The Church Courts*, Philadelphia: Presbyterian Board of Publication and Sabbath School Work, 1886 revised 5th), (곽안련 역, 『교회정치문답조례』, 경성: 야소교서회, 1917/배광식 외 역, 『교회정치문답조례』, 서울: 대한예수교장로회총회, 2011).

Hodge, Charles, *The Church and its polity*, London 1879.

Hovius, J., *Het verband tussen onze belijdenis en onze Kerkorde*, Sneek 1962.

Hughes, Philip E., *The Register of the Company of Pastors of Geneva in the Time of Calvin*, Wipe and Stock, 1966.

Macgregor, J.G., *The Scottisch Presbyterian Polity: A Study of its Origins in the Sixteenth Century*, Edinburgh/London 1926(최은수 역, 『장로교정치제도형성사』, 서울: 솔로몬, 1997).

Niesel, Wilhelm ed., *Bekenntnisschriften und Kirchenordnung der nach Gottes Wort reformierten Kirche*, Zuerich 1938.

van 't Spijker, W en van Drimmelen, L.C(red.), Inleiding tot de studie van het kerkrecht, Kampen 1988.

Vorster, J.M., *An Introduction to Reformed Church Polity*, Potchefstroom 2000.

The Confession of Faith, the Large Catechism, the Shorter Catechism, the Directory for Public Worship, the Form of Presbyterian Church Government, Edinburgh and London 1959(정장복 역, 『웨스트민스터 예배모범』, 서울: 예배와 설교아카데미, 2002).

김중락, 『스코틀랜드종교개혁사』, 서울: 흑곰북스, 2017.

김헌수 외, 『성경에서 가르치는 집사와 장로』, 서울: 성약출판사, 2013.

박윤선, 『헌법주석』, 서울: 영음사, 1991.

박병진, 『한국장로교회 헌법 100년 변천의 개관』, 서울: 성광문화사, 1989.

배광식, 『장로교정치제도 어떻게 형성되었나?』, 서울: 토라, 2006.

임종구, 『칼빈과 제네바 목사회』, 서울:부흥과개혁사, 2015.

코넬리우스 반담, 김헌수 양태진 역, 『성경에서 가르치는 장로』, 서울: 성약, 2012.

허순길, 『잘 다스리는 장로』, 서울: 영문, 2007.

황규학, 교회법이란 무엇인가?, 서울: 에클레시안, 2007.

_____, 『당회가 살아야 교회가 산다』, 서울: 에큐메니칼 연구소, 2005.

황재범 외, 『초기한국장로교회의 성립과정 및 신학』, 서울: 한들출판사, 2010.